한일번역탐구 시리즈1

Korean-Japanese Translation

한일번역탐구 I

문형·오용편

김원호 지음

UUP

한일번역탐구(Ⅰ) - 문형 · 오용편 -

2010년 1월 20일 1판 1쇄 발행
2014년 9월 01일 1판 2쇄 발행

지은이 | 김원호
발행인 | 이 철
발행처 | UUP(울산대학교출판부)

출판등록 | 제 370-1996-000001호(1996.3.13)
홈페이지 | http://uup.ulsan.ac.kr
주소 | 680-749 울산광역시 남구 대학로 93(무거동)
울산대학교 출판부
전화 | (052) 259-2488
팩스 | (052) 277-3011

978-89-7868-348-7 94730

값 10,500원

* 잘못된 책은 교환해 드립니다.

머리말

외국어를 익힌다는 말은 그 나라를 연구한다는 말이다. 외국을 연구하기 위해서는 그 나라의 말을 익히지 않고는 연구할 수 없다. 그렇지 않고서는 겉핥기식으로 지식을 얻어 내는 것에 지나지 않을 것이기 때문이다. 지금은 정보의 전쟁시대이다. 누구가 먼저 그 정보를 선취하느냐가 성공의 관건이다. 우주를 개발하고 인터넷으로 모든 일을 자동으로 처리하게 되는 21C에 살고 있는 것이다. 우물 안에 틀어 박혀 '에헴'하고 앉아 있어서는 안 될 것이다.

일본과의 관계에 있어서도 마찬가지이다. 과거의 일에만 집착하지 말고 과거의 경험을 교훈삼아 장래를 크게 바라보아야 할 것이다. 한·일양국의 파트너십을 구축하면서 신시대를 열어야 할 것이다.

현시대는 많은 외국의 정보들이 물 흐르듯 흘러 들어오고 있다. 특히 일본 문화는 일부 개방에 즈음하고 있는 시점이다. 중요한 사실은, 이러한 일본의 정보를 어떻게 수용하고 어떻게 취사선택해야 할 것인지, 또한 그 취사선택된 정보를 정확하게 파악하기 위해서는 어떻게 해야 할 것인지이다. 그것은, 완벽한 언어학적 분석을 토대로 상호이전의 번역작업이 이루어져야 할 것이다. 여기에는 양언어의 문법, 표현, 의미 등 모든 부분에서 훌륭한 능력을 겸비해야 될 것으로 본다. 무엇보다 중요한 것은 확고한 주체적인 입장을 견지하면서 말이다.

본서는, 한국어 문장을 일본어로 이전하는 작업을 능숙하게 익히기 위하여 만들어진 어학서이다. 이 중에는 일본어의 의미와 용법 그리고 표현성, 표현 하나하나의 차이에 대하여 언급해 둔 부분이 많이 있다. 시중에는 많은 일본어 어학서가 있지만 한일번역에 관련된 서적은 그다지 많지 않다.

그래서 본서는, 다양한 상황을 설정하여 **「문형」과 「오용표현」을 중심으로** 이루어져 있으며, 「한일번역탐구」시리즈로 발간되는 제1권이다. 한국인의 입장에서 한국어를 일본어로 번역하는 방법을 체계적이고 알기 쉽게 분석 정리해 본 것이다.

그리고 본서는, 일본어의 기본학습은 물론 어떤 종류의 시험에도 유용하게 대비할 수 있도록 엮어 놓았으므로 큰 성과가 있을 것으로 본다.

마지막으로 본서의 발간에 즈음하여, 올 가을 먼 곳에서 자작나무에 불을 밝히는 큰딸 나영이의 앞날에 축복과 행운이 있기를 마음속으로 바라고 싶다.

2009. 9. 20.

아직도 낮에는 한여름의 햇살이...

저 자

■ 일러두기

1 본서는, 크게 「문형 文型」과 「오용 誤用 표현」 2가지로 구성되어 있다. 먼저, 「문형」에서는, 명사(N) · 동사(V) · 형용동사(Av)로 나누어 한일 韓日 양국어를 비교하면서 설명하고 있다. 그리고 「오용표현」에서는, 조사 · 표기 · 경어 · 관용구 등 종합적인 오용표현(목차 참조)을 개략적으로 제시하고 있는데, 특히 한국인이 일본어로 번역할 때 발생하는 틀리기 쉬운 표현을 다루었다.

2 해당분야 하나하나에는 「한국어문」 「일본어 번역문」 「주요 용법」으로 나누어 구성되어 있다. 단, 「한국어문」은 그 카테고리의 번호를 표시하고 (예를 들면, **한국어문 1-1**), 「일본어번역문」은 **번역**으로 표시하여 제시해 둔다.

예) 한국어문 1-1 나의 친구는 상냥한 음대 학생이다.

번역 私の友達(ともだち)はやさしい音楽学部(おんがくがくぶ)の学生だ。

3 **「한국어문」**에는, 보편적이고 타당성 있는 문장을 제시하였으며, 가능하면 일상의 생활에서 흥미롭게 생각되는 한국어문을 채택하려고 노력하였다.

4 **「일본어번역문」**은, 제시된 「한국어문」에 가장 올바른 일본어문을 번역했다. 외국어로 이전하는 데는 한 가지 표현만

있는 것이 아니다. 다양하게 번역할 수 있다.

5 **「주요용법」**의 내용은 다음과 같다.

1) 해당 「한국어문」을 일본어로 번역하는데 키포인트가 되는 용법과 한국어에 맞는 유의어를 들고, 그 유의어의 차이를 용례문을 통해서 알기 쉽게 설명해 두었다.
2) 모든 용례문은 다음의 예와 같이 화살표 부호(⇨)를 사용했다.
   예) ⇨ 易(やさ)しい漢字(かんじ)から習(なら)いましょう。
   (쉬운 한자부터 배웁시다.)
3) 「주요용법」란의 설명 순서는, 「한국어문」의 키포인트를 우선으로 설명하기로 한다.
4) 용례문의 출전은 필요한 경우, 용례문 마지막에 부호 〔 〕로 표시해두었다.
   예) 乱暴(らんぼう)で乱暴で行(ゆ)く先(さき)が案じられると母が言った。〔漱石, 坊っちゃん〕
   (너무나 난폭해서 장래가 걱정된다고 엄마가 말했다)

6 본서에서 사용되는 일본어의 각 품사 및 활용형의 명칭은, 편의상 다음과 같이 《약어》로 표시하기로 한다.

《약어》

가. 품사의 약어

N : 명사

V : 동사

5단 → 5단활용동사

上1 → 上1단활용동사

下1 → 下1단활용동사

くる → か行変格동사

する → さ行変格동사

自v → 자동사

他v → 타동사

A : 형용사 (일명 い형용사)

Av : 형용동사 (일명 な형용사)

助v : 조동사

* 주의 : 「V-」「A-」「Av-」「助v-」의 약어표기는, 모두 활용어이므로 각각 해당품사의 어간 語幹 을 말한다.

나. 활용형의 약어

基 : 기본형(基本形)

未 : 미연형(未然形)

用 : 연용형(連用形)

体 : 연체형(連体形)

終 : 종지형(終止形)

仮 : 가정형(仮定形)

命 : 명령형(命令形)

예) 〈V- 지 않다 → V- 未 ない〉라는 말은,

〈V- 지 않다 → V의 어간 + 미연형 + ない〉를 말한다.

* V의 연체형 · 종지형은 기본형과 형태가 같다.

* A의 연체형 · 종지형도 〃 〃

* Av의 연체형은 「な」이며, 종지형은 기본형과 같다.

7 다음의 **〈목차〉**에서 보이는 문형중의 「왼쪽부분」은 한국어 문형이고, 「오른쪽」은 일본어 문형를 표시한다.

예) 〈N은 N이다 → Nは Nだ〉

〈A- 면 → A- 仮(けれ) ば〉

8 다음의 **〈목차〉**에서 보이는 N・V・A・Av의 약어 표기는, 문장상에서는 동일어 同一語 가 아닌 조건으로 각각 사용됨을 전제로 한다.

예) 〈Nは Nだ〉 (N ≠ N)

〈A- くも A- くもない〉 (A ≠ A)

9 「한국어문」과 「일본어번역문」에서 그 중심문형 및 표현이 서로 대응하는 부분은 **모두 밑줄(짙게)**로 표시하였다.

예) 나는 아침 6시에 일어나**서** 운동합니다.

〈번역〉私は朝六時に起き**て**運動します。

일본의 초밥도 과자도 맛있**었**습니다.

〈번역〉日本の寿司もお菓子も美味し**かった**です。

10 한국어에는 「형용동사」라는 품사가 없으므로, 본서에서는 이것과 닮은 성질의 품사로 「형용사(A)」를 들어 표기하기로 한다.

예) 〈A- 다 → Av- 終(だ)〉

깨끗하다 → きれいだ

번화하다 → にぎやかだ

11 「주요용법」란의 설명 중, 「가타가나」표기는, 활용어의 어미 語尾 부분을 말한다. 또한 「ウ단」이란, 50음도에서 「う, く, ぐ, す, つ, ぬ, む, ぶ, る」와 같이 발음이 「u」로 끝나는 것을 통칭한다. (이하 ア, イ, エ, オ단도 같은 경우르 생각한다)

예) ウ단 → イ단(けす → けし, のる → のり, あそぶ → あそび)
→ オ단(けす → けそ, のる → のろ, あそぶ → あそぼ)

용례문의 참고문헌

· http://www.yahoo.co.jp 의 『辞書』
· 新村出(1989), 『広辞苑』, 3版, 岩波書店
· 文化庁(1973. 8), 『外国人のための基本語用例辞典』, 大蔵省印刷局
· グループ・ジャマシイ編(1998.2), 『日本語文型辞典』, くろしお出版
· 市川保子(1977), 『日本語誤用例文小辞典』, 凡人社
· 日本語教育学会(1982), 『日本語教育事典』, 大修館
· 大阪外国語大学 朝鮮語研究会編(1985. 8), 『朝鮮語大辞典』(上)(下), 角川書店
· 林史典・鶴岡昭夫(1992), 『15万例文・成句 現代国語用例辞典』, 教育社
· 小学館辞典編輯部(1994), 『使い方の分かる類語例解辞典』, 小学館
· 田忠魁・泉原省二・金相順(1998), 『類義語使い分け辞典』, 研究社

목차

■ 형용사(A)

■ 형용동사(Av)

Ⅰ. 문형(文型)

1

명사(N)

1. <N은 N이다 → Nは Nだ>

한국어문 1-1 나의 친구는 상냥한 음대생이다.

번역 私の友達(ともだち)**は**やさしい音楽学部(おんがくがくぶ)の学生*だ*。

■ 주요용법

① 일본어의 가장 기본적인 문형 「NはNだ」이다.

② 「상냥하다」라는 말은 일본어에서는 「優(やさ)しい」라 한다. 동음이어 同音異語 「易(やさ)しい」는 문제 등이 「쉽다」는 뜻이다.

⇨ 易しい漢字(かんじ)から習いましょう。
(쉬운 한자부터 배웁시다.)

⇨ なんて気持(きも)ちの優しいし、思(おも)いやりのある人なんでしょう。
(정말 마음씨가 상냥하고 배려 깊은 사람이지요.)

❸ 「음대」는 음악대학을 말한다. 일본에서 단과대학은 「学部(がくぶ)」로 표기한다.[148쪽 참조]

⇨ 인문대학 : 人文学部(じんぶんがくぶ)
공과대학 : 工学部(こうがくぶ)
법과대학 : 法学部(ほうがくぶ)
의과대학 : 医学部(いがくぶ)

한국어문 1-2 **저의 누이동생의 취미<u>는</u> 피아노를 치는 것<u>입니다</u>만, 저의 취미<u>는</u> 등산<u>입니다</u>.**

번역 わたしの妹(いもうと)の趣味(しゅみ)**<u>は</u>**ピアノを弾(ひ)くこと<u>**です**</u>が、わたしの趣味**<u>は</u>**山登(やまのぼ)り<u>**です**</u>。

■ 주요용법

❶ 「N은 N이다」의 문형은 「NはNだ」로 표현한다. 공손체 「N입니다」는 「Nです」로 사용하자.

❷ 「명사+が」의 경우는 주격의 의미를 나타내며 해석은 「~이, ~가」로 한다. 그러나, V, A, Av 및 助v의 종지형에 연결되어 순접(順接) 또는 역접(逆接)의 의미를 나타내는데 「~인데, ~이지만」의 뜻으로 해석된다.

⇨ 今日は日曜日です<u>が</u>、一日中(いちにちじゅう)うちにいます。 -- 순접
(오늘은 일요일인데 하루 종일 집에 있습니다.)

⇨ 今日は日曜日ですが、会社へ行きます。 … 역접
(오늘은 일요일이지만 회사에 갑니다.)

❸ 「등산」이라는 말은 일본어에서는 「山登(やまのぼ)り」로 쓴다. 「登山(とざん)」은 규모가 약간 큰 경우에 사용한다.

⇨ この夏、富士山(フジサン)への<u>登山</u>を計画(けいかく)している。
(올 여름 후지산으로 등산을 계획하고 있다.)
⇨ アパートの後ろに小さい山があります。軽(かる)く<u>山登り</u>ができます。
(아파트 뒤에는 조그마한 산이 있습니다. 가볍게 등산할 수 있습니다.)

한국어문 1-3 「허심청」<u>은</u> 동양 제일의 규모와 시설을 갖춘 새로운 유형의 도시형 온천 건강 랜드<u>입니다</u>. 〔온천광고〕

번역 「虚心清」(ホシムチョン)<u>は</u>東洋一(とうよういち)の規模(きぼ)と施設(しせつ)を備(そな)えた新(あたら)しい類型(るいけい)の都市型(としがた)温泉健康(おんせんけんこう)ランド<u>です</u>。

주요용법

❶ 「NはNだ」의 형식을 취하고 있다.

❷ 「일본 제일」 「동양 제일」 「세계 제일」은, 「日本一(にほんいち)」 「東洋一(とうよういち)」 「世界一(せかいいち)」로 번역한다.

⇨ 東京が日本一の大都会(だいとかい)で、政治(せいじ)、経済(けいざい)、文化(ぶんか)の中心地(ちゅうしんち)です。
(도쿄가 일본제일의 대도시이며 정치, 경제, 문화의 중심지입니다.)

⇨ 1985年にソウル汝矣島(ヨイド)の大韓生命63ビルは東洋一の高(たか)さを誇(ほこ)っている。〔249メートル・地上部60階〕
(1985년에 서울 여의도의 대한생명 63빌딩은 동양 제일의 높이를 자랑하고 있다.)

⇨ 青函(せいかん)トンネルは世界一長い海底鉄道(かいていてつどう)トンネルです。〔53.85km青函〕
(세이칸 터널은 세계제일의 긴 해저철도 터널입니다.)

❸ 「갖추다」는, 「備(そな)える」로 번역하자. 이 말은, 「多くの機能(きのう)を備えたステレオ」와 같이 「필요한 것을 갖추고 있다」는 의미이다. 또한 「地震(じしん)に備える」와 같이 「앞으로 일어날지도 모르는 것을 잘 대비하기 위하여 조건을 갖춘다」는 의미도 있다. 이것과 비슷한 말로 「整(ととの)える」가 있는데 뉘앙스가 다르다. 이것은, 「어떤 것을 준비한다거나 또는 질서 있는 상태로 정리한다」는 의미로 쓰인다.

⇨ この大学寮(りょう)は、各室(かくしつ)にテレビと冷蔵庫(れいぞうこ)を備えている。
(이 대학 기숙사는 각방에 TV와 냉장고를 갖추고 있다.)

⇨ わが軍(ぐん)は態勢(たいせい)を整え、敵(てき)のまっただ中(なか)に突撃(とつげき)して行った。
(우리 군은 태세를 갖추고 적의 한가운데로 돌격해 갔다.)

한국어문 1-4 저희 신문사는 기사의 질이나 정보의 양 등 모든 면에서 한국을 대표하는 정상의 신문입니다. 〔광고문〕

번역 わが新聞社(しんぶんしゃ)は記事(きじ)の質(しつ)や情報(じょうほう)の量(りょう)などすべての面(めん)において韓国を代表(だいひょう)するトップの新聞です。

■ 주요용법

1. 「NはNだ」의 형식이다.

2. 「～를 대표하다」는, 「～を代表(だいひょう)する」로 번역한다.

⇨ 木槿(むくげ)は韓国を代表する花として、広く海外(かいがい)にも知(し)られている。
(무궁화는 한국을 대표하는 꽃으로써, 널리 해외에도 알려져 있다.)

⇨ 富士山(ふじさん)は、日本を代表する山として、広(ひろ)く海外(かいがい)にも知(し)られています。
(후지산은 일본을 대표하는 산으로써 널리 해외에도 알려져 있습니다.)

2. <N은 N이었다 → Nは Nだった>

한국어문 2-1 이 건물은 옛날 서울 중심지의 유명한 회관이었다.

번역 この建物(たてもの)は昔(むかし)ソウルの中心地(ちゅうしんち)の有名な会館(かいかん)だった。

주요용법

❶ 「N은 N이었다」는, 「NはNだった」의 문형으로 표현하자.

❷ 「옛날」은, 「昔(むかし)」로 번역하자.

⇨ 暇(ひま)ができたらむかしの友人(ゆうじん)に会ったり、各地(かくち)の風物(ふうぶつ)を訪(たず)ねて旅(たび)をしたい。
(여유가 생긴다면 옛 친구를 만나기도 하고 각지의 풍물을 찾아 여행하고 싶다.)

한국어문 2-2 **도쿄 디즈니랜드의 어트랙션 중에서 '백설 공주와 일곱 난쟁이' 는 너무나 환상적인 것이었다.**

번역 東京(とうきょう)ディズニーランドのアトラクションの中(なか)で '白雪姫(しらゆきひめ)と七人の小人(こびと)'**は**とても幻想的(げんそうてき)なもの***だった***。

주요용법

❶ 이 문제의 「N은 N이었다」도, 「NはNだった」로 표현한다.

⇨ 彼を立(た)ち直(なお)らせたのは、この少女(しょうじょ)の一言(ひとこと)だった。
(그를 다시 일어서게 한 것은 이 소녀의 한마디였다.)

❷ 「난쟁이」는 「小人」(こびと)로 번역하자.

⇨ 白雪姫(しらゆきひめ)は、森に住む七人の小人たちと暮(く)らすことになりました。

(백설 공주는, 숲에 사는 일곱 명의 난쟁이들과 살게 되었습니다.)

3. <N (의) N → N の N>

한국어문 3-1 김 이슬씨는 **경주관광회사의 안내원**이며 매우 친절한 사람입니다.

번역 金イスルさんは**慶州観光会社(キョンジュかんこうがいしゃ)のガイド**で、とても親切(しんせつ)な人です。

주요용법

① 「の」의 용법에는, 「NのN」의 조건 아래서 소유, 장소, 동격 등 여러 가지 용법을 들 수 있는데 여기서는 「の」가 「소유」의 개념으로 사용되고 있는 경우이다. 이 경우, 한일 양국어에 있어서 「の」와 「의」는 서로 대응하는데 일본어 「の」를 한국어의 「의」로 해석하는 경우, 50% 정도는 해석이 되지 않는다. 역으로, 한국어 「NN」의 경우, 일본어로 번역할 때는 「NのN」과 같이 「の」가 되살아남에 주의해야 한다. 그러나 하나의 고유명사적으로 사용되거나 하나의 상호와 같이 사용될 때는 관용적으로 「の」를 생략하여 사용한다.

⇨ 私の祖国(そこく)。(나의 조국) (○) … 소유
⇨ 東京の地下鉄。(도쿄의 지하철) (○) … 장소
⇨ ノルブの兄。(놀부인 형) (○) … 동격
⇨ 現代のグループ。(현대 그룹) (×)

⇨ 住友の銀行。(스미토모 은행)　(×)
⇨ 北(きた)大西洋の条約機構。(북대서양조약기구) (×)
⇨ リーガロイヤルのホテル。(Rihga Royal Hotel)　(×)

❷ 「안내원」은, 「案内人(あんないにん)」이라는 어휘로도 사용되지만, 영어 「guide」의 일본식 발음인 「ガイド」로 표기하여 흔히 사용되고 있다.

⇨ 観光<u>ガイド</u>。(관광안내)　バス<u>ガイド</u>。(관광 버스안내원)

한국어문 3-2 <u>교육자인 아버지</u>는 지금 이 고등학교의 교장입니다.

번역 <u>教育者の父</u>は今この高校(こうこう)の校長(こうちょう)です。

■ 주요용법

「NのN」형식의 용법 중 「동격」으로 사용되는 경우이다.

⇨ 科学者(かがくしゃ)<u>の</u>アインシュタイン。
(과학자인 아인슈타인.)

한국어문 3-3 오늘 <u>일본어작문</u> 시간에는 김영수 군이 발표하기로 되어 있다.

번역 今日(きょう)の<u>日本語作文(さくぶん)</u>の時間には金栄洙君(キムヨンスくん)が発表(はっぴょう)することになっている。

■ 주요용법

❶ 「일본어작문」을 하나의 과목으로 취급한 경우이므로 「の」를 생략한다.

❷ 「～기로 되다」「～기로 하다」는, 「～ことになる」「～ことにする」로 결정적인 일을 표현할 때 사용한다. 「こと」는 활용형의 연체형에 붙어 결심, 결정적인 사태를 나타낸다.

⇨ 金君は今度、東京大学へ行く<u>ことになった</u>。
(김군은 이번에 도쿄대학에 가게 됐다.)

⇨ きょうから酒は飲まない<u>ことにし</u>ている。
(오늘부터 술은 마시지 않기로 한다.)

한국어문 3-4 대학교 4학년생인 김현숙 양은 오늘 <u>유학에 관한 일</u>로 선생님을 만났다.

번역 大学の四年生(よねんせい)の金賢淑(キムヒヨンスク)さんは今日<u>**留学(りゅうがく)のこと**</u>で先生と会った。

■ 주요용법

❶ 「N에 관한 N」의 표현도, 「の」의 용컵 중 하나이다. 「留学に関すること」도 좋지만 「留学のこと」로 번역하자.

⇨ まさか、あの<u>うわさのこと</u>で、ぼくを疑(うたが)っているのではないだろうね。
(설마, 그 소문으로(그 소문에 관한 것으로), 나를 의심하고 있

는 것은 아니겠지.)

❷ 미혼여성의 이름에 붙이는 일반적인 경칭으로, 일본어에 「さん」또는 「嬢(じょう)」를 사용하면 된다. 「嬢(じょう)」는, 미혼 여성의 성과 이름 또는 직업을 나타내는 말 등에 붙여, 가벼운 경의를 나타내는 접미어이다. 현대어에서는 일반적으로 문장어에 사용되는데, 최근에는 「~嬢」보다 「~さん」쪽이 많이 사용된다. 「お嬢(じょう)さん」(따님)과 같이 접미어가 아닌 N형태로 사용되는 말도 있다.

⇨ 中村嬢。(나카무라 양) 案内(あんない)嬢。(안내 양)
電話交換(こうかん)嬢。(전화교환 양)

한국어문 3-5 **백두산 정상에는 신비스러운 천지가 있어서 모든 사람이 가보고 싶어 한다.**

번역 白頭山(ベクトサン)の頂上(ちょうじょう)には神秘的(しんぴてき)な天池(チョンジ)があるので、みんなが行きたがっている。

주요용법

❶ 「NのN」의 용법 중 장소를 나타내는 경우이다. 우리말로는 「백두산 정상」이라 하여 「의」의 조사가 불필요하지만 일본어는 「白頭山の頂上」와 같이 「の」가 되살아난다.

⇨ 울산대 앞에는 재미있는 바보 사거리가 있다.
蔚山大学の前には、おもしろいバボサゴリ(ばか十字路)がある。

❷ 「신비스럽다」는, Av 「神秘的(しんぴてき)だ」나 「神秘的に見える」로 번역하자.

⇨ 神秘的なほほえみをうかべた女神像(めがみぞう)。
(신비스러운 웃음을 띤 여신상.)

⇨ 雨の後、神秘的に見える虹(にじ)が現(あら)われた。
(비가 온 후, 신비스러운 무지개가 나타났다.)

4. <N은 N이고(며), N이다 → Nは Nで, Nだ → Nは Nで(あり), Nである>

한국어문 4-1 스트레스는 크게 두 가지 형으로 나누어진다. 하나는 손실에 따르는 스트레스이고, 또 하나는 무서움에 의한 스트레스이다.

번역 ストレスは大きく二つの型(かた)に分(わ)けられる。一つ**は**損失(そんしつ)に伴(ともな)うストレス**で(あり)**、もう一つは恐(おそ)れに伴うストレス**である**。

■ 주요용법

「～이고(이며), ～이다」는, 「～であり、～である」 또는 「～で、～だ」로 하자. 「である」는 문장체로 사용되는데 신문의 사설이나 논문 등에서 자주 볼 수 있다.

한국어문 4-2 일본의 백화점은 관광의 대상**이며** 생활의 정보원**이기도 하다.** 서양을 보는 창**이며** 동양을 비추는 거울**이다.** 다시 말하면, 현대의 지표라고 해야 할 장소인 것**이다.**

번역 日本の百貨店(ひゃっかてん)**は**観光(かんこう)の対象(たいしょう)**であり**、生活(せいかつ)の情報源(じょうほうげん)**でもある**。西洋(せいよう)を見る窓(まど)**であり**、東洋(とうよう)を映(うつ)す鏡(かがみ)**である**。つまり、現代(げんだい)の指標(しひょう)と言うべき場所(ばしょ)なの**である**。

주요용법

1. 「～이고(이며), ～이기도 하다」는 「～で(あり)、～でもある」로 하면 된다.

2. 「(동양을) 비추다」는 구체적인 개념의 의미가 아니므로 「映(うつ)す」나 「映(うつ)し出(だ)す」가 좋다. 「映(うつ)す」는 슬라이드, 영화, TV 등에서 영상을 나타내는 것이다. 거기에 비해 「照(て)らす」는 등대의 탐조 등이 해상을 비춘다는 뜻이 강하게 나타나므로 여기서는 「映す」가 바람직하다. 어떤 사물의 영향이 다른 물건에 나타난다는 것에도 사용된다.

⇨ 面白い映画(えいが)を映す。
(재미있는 영화를 상영하다.)

⇨ 歌(うた)は時代(じだい)を映す鏡(かがみ)だ。
(노래는 시대를 비추는 거울이다.)

⇨ この小説(しょうせつ)は現代(げんだい)の世相(せそう)を<u>映し</u>ている。
(이 소설은 현대의 세태를 반영하고 있다.)

⇨ 父が外国旅行(がいこくりょこう)したときのスライドを<u>映し</u>て見せてくれた。
(아버지가 외국 여행했을 때의 슬라이드를 비추어 주었다.)

⇨ 舞台(ぶたい)を<u>照らす</u>。
(무대를 비추다.)

⇨ 美しい草原(そうげん)を、真(ま)っ赤(か)な太陽(たいよう)が<u>照らし</u>ています。
(아름다운 초원을 새빨간 태양이 비추고 있습니다.)

5. <N은 N이기도 하고, N이기도 하다 → Nは Nでもあり、Nでもある>

한국어문 5-1 그는 국회의원<u>**이기도 하고**</u>, 한국의 유명한 기업체의 회장<u>**이기도 하다**</u>.

번역 彼(かれ)<u>**は**</u>国会議員(こっかいぎいん)<u>**でもあり**</u>、韓国の有名(ゆうめい)な企業(きぎょう)の会長(かいちょう)<u>**でもある**</u>。

■ 주요용법

❶ 「N이기도 하고, N이기도 하다」는 「Nでもあり, Nでもある」라는 문형을 사용한다.

② 「기업체」는 「企業(きぎょう)」로 번역하자. 「企業体(きぎょうたい)」라고는 사용하지 않는다.

⇨ 蔚山には<u>企業</u>が市(し)の東側(ひがしがわ)に集(あつ)まっている。
(울산에는 기업체가 시 동쪽에 모여 있다.)

한국어문 5-2 제주도<u>는</u> 한국에서 제일 큰 섬<u>이기도 하고</u>, 외국인이 많이 찾는 관광지<u>이기도 하다</u>.

번역 済州島(チェジュド)<u>**は**</u>韓国でいちばん大きい島<u>**でもあり**</u>、外国人(がいこくじん)が多く訪(おとず)れる観光地(かんこうち)<u>**でもある**</u>。

주요용법

① 앞과 마찬가지로 「Nでもあり、Nでもある」의 형식이다.

② 「찾다」는, 「訪(おとず)れる」로 번역하자.

⇨ 初めてローマを<u>訪れ</u>たわたしは、古い石壁(いしかべ)の量感(りょうかん)に圧倒(あっとう)された。
(처음으로 로마를 방문한 나는, 오래된 석벽의 중후함에 압도당했다.)

6. <N은 N이(가) 아니다 → Nは Nではない>

한국어문 6-1 내가 태어난 곳은 울산이지만, 자란 곳은 울산<u>이 아니다</u>.

번역 私の生(う)まれた所(ところ)は蔚山(ウルサン)だが、育(そだ)ったの<u>**は**</u>蔚山<u>**ではない**</u>。

주요용법

우리말의 「N이(가) 아니다」는, 「Nではない」형으로 표현하면 된다. 이 문형은, 어떤 사실에 대하여 화자의 생각이 그 사실과 일치하지 않은 경우에 사용한다. 보통 회화체에서 「Nじゃない」형을 취하는 경우가 많이 있다.

그리고 「～ではない」의 형식을 사용하여 상대방의 말을 똑같이 받아 반복함으로써 상대를 「비난」하는 의미가 있는 표현으로도 많이 사용된다. 이 말은, 손아래 사람이나 아주 친한 사람에게 사용할 수 있는데 회화체에서 자주 표현된다.

⇨ 私はこの会社の社長<u>ではない</u>。 --- 사실과 불일치
(나는 이 회사의 사장이 아니다.)

⇨ A : あの、お借(か)りしたカメラ、こわれちゃったんです。
(저- 빌린 카메라, 고장 나 버렸어요.)
B : こわれちゃった、<u>じゃない</u>よ。大事(だいじ)なもの、君だから貸(か)したのに。 --- 비난
(고장 내 버리면 안되지. 이 소중한 것을 너니까 빌려준 건데.)

한국어문 6-2 사치에 익숙해져 버린 사람이, 검소한 생활을 한다는 것은 간단한 일이 아니다.

번역 奢侈(しゃし)に慣(な)れてしまった人間(にんげん)が質素(しっそ)な生活をするというの**は**簡単(かんたん)なこと**ではない**。

■ 주요용법

❶ 「N이 아니다」는, 위와 마찬가지로 「Nではない」형식으로 번역하자. 경우에 따라 「Nではないか」형식으로도 다용되는데, 이것은 약간 추측의 의미가 내포된 확인표현이라 할 수 있다. 허물없는 사이에서는 남성은 「～(ん)じゃないか」, 여성은 「～(ん)じゃない」 또는 「～(ん)じゃないの」등을 사용한다. 정중체로는 「～(の)ではないですか」 「～(の)ではありませんか」로 사용할 수도 있다.

⇨ ファーストフード産業(さんぎょう)が伸(の)びれば伸びるほどごみも増(ふ)えるのではないか。
(패스트푸드 산업이 신장하면 할수록 쓰레기도 증가하는 것이 아닌가?)

⇨ この携帯(けいたい)電話はちょっと高い(ん)じゃないの。
(이 휴대전화는 좀 비싸지 않니?)

⇨ あそこを歩いているのは、もしかして山田さんではありませんか。
(저기 걸어가고 있는 사람은 혹시 야마다씨가 아닙니까?)

❷ 「사치」는 「贅沢(ぜいたく)」로, 「사치스럽다」는 「贅沢(ぜい

たく)だ」로 표현하자.

⇨ ぜいたくを言えばきりがない。
(사치스런 소리를 하자면 끝이 없다.)

⇨ これ以上(いじょう)望(のぞ)むのはぜいたくだ。
(이 이상 바라는 것은 분에 넘친다.)

⇨ 別荘(べっそう)なんてぜいたく過(す)ぎる。
(별장이라니 너무 사치스럽다.)

3 「익숙해지다」는, 「慣(な)れる」로 번역한다.

⇨ 世(よ)の中が進(すす)み、暮(く)らしがよくなるのはいいが、ぜいたくに慣れてしまうのはよくない。
(세상이 나아지고 생활이 향상되는 것은 좋지만, 사치스러워지는 것은 좋지 않다.)

4 「검소하다」는, 「質素((しっそ)だ」「倹(つま)しい」 또는 「慎(つつ)ましい」로 번역하자.

⇨ 自分でかせいだお金で生活を始めた若者(わかもの)は、ぜいたくをせず、質素な暮らしをするようになった。
(자기 스스로 번 돈으로 생활을 시작한 젊은이는, 사치하지 않고 검소한 생활을 하게 되었다.)

⇨ 農村(のうそん)で倹しく生きる私たちには、秋の収穫(しゅうかく)が最大(さいだい)の喜(よろこ)びだった。
(농촌에서 검소하게 살아가는 우리들은, 가을 수확이 최대의 기쁨이었다.)

⇨ あの有名な女優(じょゆう)がこんな慎ましい生活をしているとは思わなかった。
(저 유명한 여배우가 이러한 검소한 생활을 한다고는 생각하지 못했다.)

⇨ 家族に不幸(ふこう)があったため慎ましくせいかつする。

(가족에게 불행이 있었기에 조신하게 생활한다.)

7. <N은 N도 아니고, N도 아니다.
→ Nは Nでも(なく)、Nでもない>

한국어문 7-1 그는 유명한 철학자**도 아니고** 과학자**도 아니다**. 단지 평론가에 지나지 않는다.

번역 彼(かれ)は有名な哲学者(てつがくしゃ)**でも**、科学者(かがくしゃ)**でもない**。ただの評論家(ひょうろんか)にすぎない。

■ 주요용법

「~도 아니고, ~도 아니다」는 양쪽을 부정하는 표현이다. 「~でも(なく)、~でもない」라는 문형을 사용한다.

한국어문 7-2 이 선생님이 맡으신 과목은 일본어 회화**도 아니고**, 일본어 강독**도 아니다**.

번역 李先生の受(う)け持(も)たれた科目(かもく)**は**日本語会話(にほんごかいわ)**でも(なく)**、日本語講読(にほんごこうどく)**でもない**。

■ 주요용법

❶ 위와 마찬가지로 「～でも(なく)、～でもない」 라는 문형을 사용하자.

❷ 「맡으시다」는, 「맡다」 의 존경표현을 사용하면 된다. 즉, 「持つ」 (5단)에 존경助v 「れる」 를 붙여 번역하자.

⇨ あの先生は「トスカ」という新しい車を買われた。
(그 선생님은 「토스카」 라는 신차를 사셨다.)

⇨ この方はきのう日本に来られたばかりで日本の事情(じじょう)がおわかりになりません。
(이 분은 어제 일본에 갓 오셔서 일본사정을 모르십니다.)

2

동사(V)

8. <V- ㅂ니다 → V- 用 ます>

한국어문 8-1 모처럼 일본에 왔으니까, 1년 더 일본에서 공부하고 <u>싶습니다</u>.

번역 せっかく日本に来たのですから、もう一年日本で勉強したいと思い<u>ます</u>。

주요용법

① <u>「V- 用ます」만드는 방법</u>[1)]

---

1) V에 대하여 요약하면 다음과 같다.
① 사물의 동작·상태·존재를 나타낸다. → 歩く(걷다), 咲(さ)く(피다), いる·ある(있다)
② 기본형은 「ウ단」으로 끝난다.
→「う, く, ぐ, す, つ, ぬ, む, ぶ, る」 9가지가 있다.
「ふ」로 끝나는 것은 文語에만 볼 수 있다. (言ふ – 口語 「言う」와 동일)
③ 어미(語尾)가 활용한다. (未, 用, 終, 体, 仮, 命 6가지)
④ V의 종류는 5가지이다. * 각V의 활용설명은 주요용법에서 설명한다.
5단 ⇐ 5단활용V　上1 ⇐ 上1단활용V
下1 ⇐ 下1단활용V　くる ⇐ か行変格V　する ⇐ さ行変格V

: **5단 (ウ단 → イ단), 上1・下1(る탈락), くる(き), する(し)**

⇨ よむ→よみます　おきる→おきます　たべる→たべます
くる→きます　する→します

❷ 「思う」의 「ます」형은, 5단V이므로 「ウ단」(어미 う)을 「イ단」(い)으로 바꾸면 된다.

⇨ 子供のうちはできるだけのびのび育てたいと思います。
(어린아이의 때에는 가능한 한 자유롭게 키우고 싶어요.)

⇨ 大学を卒業したら、小さくてもいいから将来性(しょうらいせい)のある会社に就職(しゅうしょく)したいと思います。
(대학을 졸업하면, 작아도 좋으니까 장래성 있는 회사에 취직하고 싶다고 생각합니다.)

❸ 「모처럼」은, 부사 「せっかく」로 번역하자.

⇨ せっかくの休みだというのに、雨に降られてどこにも遊びに行けなかった。
(모처럼의 휴일인데 비가 와서 아무데도 놀러갈 수 없었다.)

⇨ 台風(たいふう)が来て、せっかく実(みの)った稲(いね)に被害(ひがい)が出てしまった。
(태풍이 와서 모처럼 영글은 벼에 피해가 나 버렸다)

한국어문 8-2 **강렬한 일격을 맞은 그 권투선수는 링에 쓰러졌지만 곧바로 일어났습니다.**

번역 強烈(きょうれつ)な一撃(いちげき)を受(う)けたそのボクサーは、リングに倒(たお)れ込(こ)んだが、すぐに起きました。

■ 주요용법

❶ 「일어납니다」는, 「起きる(1단)+ます」토 분석된다.

❷ 「일격을 맞다」 「한 방 맞다」는, 「一撃(いちげき)を受(う)ける」로 하자.

⇨ 一撃を受けた彼は血(ち)まみれになって倒れた。
(한 방 맞은 그는, 피범벅이 되어 넘어졌다.)

❸ 「쓰러지다」는, 「倒(たお)れ込(こ)む」로 옮기자. 「V用+込(こ)む」는, 「무언가의 가운데에 넣는다」는 他V를 만들기도 하고 「어떤 장소의 안으로 들어간다」라는 自V로도 만들어 사용한다. 또는 「철저하게～하다」 「충분히～하다」라는 의미의 V를 만들기도 한다. 이 문제는, 「철저하게 넘어졌다」는 의미로 생각할 수 있다.

⇨ ここに名前(なまえ)を書きこんでください。 … 他V
(여기에 이름을 기입해 주십시오.)

⇨ 人の部屋に勝手(かって)に入り込まないでくれ。 … 自V
(다른 사람의 방에 마음대로 들어 가지마.)

⇨ 部屋の片隅(かたすみ)に座(すわ)り込んで、じっと考(かんが)え事(ごと)をしている。
(방 한구석에 눌러 앉아 골똘히 생각하고 있다.)

한국어문 8-3 군대에 가 있는 그에게서 한 달에 한 번은 꼭 편지가 옵니다.

번역 軍隊(ぐんたい)に入(はい)った彼(かれ)から月(つき)一度(いちど)は必ず手紙(てがみ)が来ます。

■ 주요용법

「옵니다」는, 「くる+ます」로 분석하여 번역한다.

⇨ 努力(どりょく)したら、いつか幸(しあわ)せな日が来ます。
(노력하면 언젠가는 행복한 날이 옵니다.)

한국어문 8-4 한국인은 매년 추석날 고향으로 가서 조상 성묘를 합니다.

번역 韓国人は毎年(まいとし)秋夕(チユソク)の時、ふるさとに行って祖先(そせん)の墓参(はかまい)りをします。

■ 주요용법

1. 「합니다」는, 「する+ます」로 분석한다.

2. 「추석날」은, 한국식 발음을 그대로 이용하여 「チユソク」으로 쓰면 되나 「仲秋節(ちゅうしゅうせつ)」라고도 한다. 굳이 일본어식으로 표현한다면, 「お盆(ぼん)」(陰, 7/15경)이라는 명절이 제일 가까울 것이다.

⇨ 8月の15日前後(ぜんご)はお盆で、仏教行事(ぶっきょうぎょうじ)と、亡(な)くなった先祖(せんぞ)を迎(むか)えて生活の繁栄(はんえい)を願(ねが)うという日本独特(どくとく)の風習(ふうしゅう)が重(かさ)なったものです。
(8월 15일 전후는 오봉으로, 불교행사와, 돌아가신 조상을 맞이하여 생활의 번영을 바란다는 일본 독특한 풍습이 겹

친 것이다.)

❸ 「조상」은, 「祖上」으로 하지 않고 「祖先(そせん)」이나 「先祖(せんぞ)」로 한다.

⇨ 今日の文明社会(ぶんめいしゃかい)は、われわれの祖先が失敗(しっぱい)を繰(く)り返(かえ)しながら、築(つ)き上(あ)げたものだ。
(오늘날의 문명사회는 우리들 조상이 실패를 반복하면서 쌓아올린 것이다.)

⇨ これは先祖代々(だいだい)受(う)け継(つ)いだ高麗磁器(こうらいじき)です。
(이것은 조상 대대로 물려받은 고려자기입니다.)

❹ 한국어의 「성묘(省墓)」라는 어휘는, 일본어에서는 사용하지 않는다. 「墓参(はかまい)り」가 제일 가까운 말이다.

⇨ お盆には田舎(いなか)へ帰り、父母(ふぼ)の墓参りをします。
(오봉 명절에는 시골에 내려가 부모님의 성묘를 합니다.)

9. <V- 고, 서, 며 → V- 用 て>

한국어문 9-1 엊저녁의 당신 호의를 기쁘게 생각하고 있습니다.

번역 昨夜(さくや)のあなたの好意(こうい)をうれしく思っております。

■ 주요용법

❶ 「V- 用て」만드는 방법

: 5단(音便)[2], 上1・下1(る탈락), くる(き), する(し)

⇨ かく → かいて, おきる → おきて　たべる → たべて
　くる → きて　　する → して

❷ 한국어로 「～고, ～서, ～며」는 주로 일본어로는 접속조사 「て」를 사용한다. 「思う」(5단)는 촉음편이 되므로 「思って」가 된다.

❸ 「생각하고 있다」는, 「思っている」로 표현하면 되지만 「思っておる」가 겸양표현이다.

⇨ あの若者(わかもの)は将来(しょうらい)有名な料理人

---

2) V의 「音便形」은 다음과 같이 요약한다.

1. V의 연용형에 (「て」, 「た」, 「たり」)가 접속할 때 발생한다.
2. 반드시 5단V에서만 발생한다. (어미 う, く, ぐ, つ, ぬ, む, ぶ, る」 8가지)
3. 세 가지 종류가 있다.

① イ音便(い) : く, ぐ → い (ぐ는 뒤에 連濁)
　예) 着く → 着いて, 着いた, 着いたり
　　泳ぐ → 泳いで, 泳いだ, 泳いだり

② 促音便(っ) : う, る, つ → っ (小文字)
　예) 買う → 買って, 買った, 買ったり
　　入る→入って, 入った, 入ったり
　　待つ→待って, 待った, 待ったり

③ 撥音便(ん) : ぬ, む, ぶ → ん (뒤에 連濁)
　예) しぬ → しんで, しんだ, しんだり
　　飲む → 飲んで, 飲んだ, 飲んだり
　　飛ぶ → 飛んで, 飛んだ, 飛んだり

4. 예외 : ① 「す로 끝나는 V」는 음편형이 없다.
　　예) 話(はな)す → 話して, 話した, 話したり
　　　消(け)す　→ 消して, 消した, 消したり
　② 「行(い)く」는 イ音便이 아니라 促音便으로 바뀐다.
　　예) 行く → 行って, 行った, 行ったり

(りょうりにん)になるだろうと思っております。
(그 젊은이는 장래 유명한 요리사가 될 것으로 생각합니다.)

한국어문 9-2 저는 매일 아침 6시에 일어나서 산책을 하고, 7시쯤 양치질을 하고 세수하며, 아침식사를 합니다. 그리고 8시쯤 학교에 갈 준비를 합니다.

번역 私は毎朝6時に起きて散歩(さんぽ)をして、7時頃(しちじごろ)歯(は)を磨(みが)いて顔を洗(あら)って、朝ご飯(はん)を食べます。それから 8時頃学校に行く用意(ようい)をします。

주요용법

❶ 「일어나서」(起きる, 1단)는 「起きて」, 「(산책을) 하고」(する)는 「して」, 「(양치질을) 하고」(磨く, 5단)는 「磨いて」, 「세수하며」(洗う, 5단)는 「洗って」로 각각 변화된다. 그러나 5단V 이외에는 음편형이 발생되지 않음을 주의한다.

❷ 일본어의 대화체에서 「し」라는 조사가 자주 들을 수 있는데, 우리말로는 「~며」 「~고」로 해석하면 된다. 활용어의 종지형에 접속하여 다용되고 있는데 「て」조사만큼 중요하다.

⇨ 彼はお金もあるし、頭もいい。
(그는 돈도 있고 머리도 좋다.)

⇨ 弟は背(せい)が高いし、体も丈夫(じょうぶ)だ。
(동생은 키가 크며 몸도 튼튼하다.)

10. <V- 고 있다, V- 어(여) 있다 → V- ている, V- てある>

한국어문 10-1 아이들은 가방에 필통과 공책 등을 넣**고 있**고, 어머니들은 가슴에 이름표를 달**고 있**었다.

번역 子供たちはかばんに筆箱(ふでばこ)とノートなどを入(い)れ**てい**て、お母さんたちは胸(むね)に名札(なふだ)を付(つ)け**ている**ところだった。

주요용법

1 「～ている」와「～てある」의 표현

상 태

① 自v + ている : ～ 어(여) 있다 … 빈도 多

⇨ 咲(さ)く(自v) → さくらがさいている。(벚꽃이 피어 있다)
行(い)く(自v) → 学校へ行っている。(학교에 가 있다)
閉(し)まる(自v) → 門が閉まっている。(대문이 닫혀 있다)
開(あ)く(自v) → 門が開いている。(대문이 열려 있다)

他v + ている : ～ 어(여) 있다 … 빈도 少

⇨ 着る(他v) → 赤いシャツをきている。(빨간 셔츠를 입고 있다)
はく(他v) → きいろいくつをはいている。(노란 구두를 신고 있다)

cf) 自v (他v) + ている(= た) + N … 상태 … 빈도 少

⇨ ふとる(自v) → 体がふとっている弟。(몸이 뚱뚱한 동생)
かける(他v) → めがねをかけている姉。(안경을 낀 누나)

② **他v + てある : ~ 어(여) 있다** --- 作為의 상태[3]) … 빈도 多

⇨ 開(あ)ける(他v) → 門が開けてある。(대문이 열려 있다.)
   閉(し)める(他v) → 門が閉めてある。(대문이 닫혀 있다.)

동작진행

① **自v + ている : ~ 고 있다** … 빈도 多

⇨ 歩(ある)く(自v) → 道を歩いている。[4](길을 걷고 있다.)
   渡(わた)る(自v) → 川を渡っている。(강을 건너고 있다.)
   飛(と)ぶ(自v) → 空を飛んでいる。(하늘을 날고 있다.)

② **他v + ている : ~ 고 있다** … 빈도 多

⇨ 開ける(他v) → 門を開けている。(대문을 열고 있다.)
   閉める(他v) → 門を閉めている。(대문을 닫고 있다.)

2 위의 문제에서 「入れている」(他v, 入れる), 「つけている」(他v, つける)는 「동작의 진행」을 나타내고 있다. 왜냐하면 他v에 「~ている」가 붙어 있기 때문이다.

3 「~ている」라는 보조어(アスペクト라고도 함)는, 항상 상태적인 의미를 나타내는 동사(ふとる, かける, にる, やせる 등)에 접속되어 관용적으로 사용된다.

⇨ 体がふとっている。(몸이 뚱뚱하다)
   体がやせている。 (몸이 여위었다)
⇨ 母とにている。 (엄마와 닮았다)
   めがねをかけている。(안경을 끼고 있다)

---

3) 어떠한 대상이 뭔가에 의하여 인위적 내지는 고의적인 행동이 가해진 상태를 말한다.

4) 自v이지만 앞의 조사「を」를 쓰는 것은, 「장소」를 나타내는 용법으로 사용되고 있기 때문이다. 이러한 V에는 「歩(ある)く」「渡(わた)る」「飛(と)ぶ」「走(はし)る」「通(とお)る」등이 있다.

❹ 「필통」은, 「筆箱(ふでばこ)」 또는 「筆入(ふでい)れ」라고도 한다. 요즈음 일본의 학생들도 우리와 마찬가지로 플라스틱으로 된 필통은 그다지 사용하고 있지 않지만, 간혹 사용하는 학생도 있다.

⇨ お勧(すす)めの<u>筆箱</u>を教えて下さい。今年公立(こうりつ)の小学校に入学する女の子です。どんな<u>筆箱</u>が良いのでしょうか。
(필통을 추천해 주세요. 올해 공립초등학교에 입학하는 여자아이입니다. 어떤 필통이 좋은 지요.)

⇨ 鉛筆や<u>筆入れ</u>などのカタログです。資料(しりょう)としてどうぞ。
(연필이나 필통 등의 카탈로그입니다. 자료로써 가지세요.)

한국어문 10-2 **대륙의 광대한 평원지대에서는 야생의 말들이 종횡무진으로 달리<u>고 있다</u>.**

번역 大陸(たいりく)の広大(こうだい)な平原地帯(へいげんちたい)では、野生(やせい)の馬の群(む)れが、縦横無尽(じゅうおうむじん)に走っ<u>**ている**</u>。

■ 주요용법

❶ 「走る(5단,自v, 달리다)」에 「ている」가 접속되어 「동작의 진행」을 나타내고 있다

❷ 「종횡무진으로」는, 「縦横無尽(じゅうおうむじん)に」로 번역한다. 어떤 행동이 자유자재로 행해진다는 말이다.

⇨ 星空(ほしぞら)を見上(みあ)げていると、少女(しょうじょ)の想像(そうぞう)は縦横無尽に広(ひろ)がり、とどまるところがなかった。
(별이 총총한 하늘을 바라다보고 있으면, 소녀의 상상은 마음껏 펼쳐져 그칠 줄 몰랐다.)

한국어문 10-3 그 애는 엄마와 늘 붙어 있고, 다른 아이들과는 함께 놀지 않습니다.

번역 その子は母親(ははおや)にいつも付(つ)いていて、ほかの子供たちとはいっしょに遊(あそ)びません。

주요용법

「ついている」(自V, つく)는 상태를 표시하고 있다.

⇨ 真夏(まなつ)だからだろう、みかん一つに百円という、べらぼうな値段(ねだん)がついていた。
(한여름이기 때문일까? 귤 하나에 백 엔이라는 터무니없는 가격이 붙어져 있었다.)

한국어문 10-4 저의 연구실에는 사진도 걸려 있고, 명화도 붙여 있습니다.

번역 わたしの研究室(けんきゅうしつ)には写真(しゃしん)もかけてあって、名画(めいが)もはってあります。

■ 주요용법

「かけてある」(他v, かける), 「はってある」(他v, はる)는 작위(作為)의 상태를 표시하고 있다. 즉 누군가에 의한 인위적인 상태를 나타내고 있다.

⇨ 研究室(けんきゅうしつ)の壁(かべ)にかけてある絵(え)の画家(がか)を教えて下さい。
(연구실 벽에 걸려 있는 그림의 화가를 가르쳐 주세요.)

⇨ 掲示板(けいじばん)にはってある画像(がぞう)は許可(きょか)を取(と)ってはってあるのでしょうか。［onlineの画像］
(게시판에 붙어 있는 화상은 허가를 받아 붙여진 것인지요?)

11. <V- ㅆ다 → V- 用 た>

한국어문 11-1 76개국으로부터 온 참가자는 우레와 같은 박수를 치며 그 사람을 축하**했다**.

번역 七十六か国(ななじゅうろっかこく)から来た参加者(さんかしゃ)は万雷(ばんらい)のような拍手(はくしゅ)をもってその人を祝(いわ)っ<u>た</u>。

■ 주요용법

❶ **「V- 用た」만드는 방법** : 앞의 〈문형-9. 「V- 用て」〉와 동일함.

❷ 「축하했다」는, 「祝(いわ)う」(5단)의 촉음편 「祝った」로 한다.

⇨ 今年大学の創立(そうりつ)40周年(しゅうねん)記念日(きねんび)を祝った。
(올해에 대학 창립 40주년 기념일을 축하했다.)

❸ 「박수를 치다」는, 「拍手(はくしゅ)をもつ」 또는 「拍手(を)する」로 한다. 그리고 「박수를 받다」는, 「拍手を浴(あ)びる」로 쓰자. 그것에 비해 「손뼉을 치다」는, 「手をたたく」가 맞다.

⇨ わたしの発表(はっぴょう)が終わると、クラスのみんなは拍手をしてくれた。
(나의 발표가 끝나자, 학급에 있는 모두는 박수를 쳐 주었다.)
⇨ 彼の意見に、ぼくたちは拍手して賛成の意を表(あらわ)した。
(그의 의견에 우리들은 박수를 쳐서 찬성의 뜻을 표시했다.)
⇨ 拍手を浴(あ)びながら、檀(だん)に上(あが)った。
(박수를 받으면서 단상에 올랐다.)
⇨ 手をたたきながら、歌(うた)を歌(うた)う。
(손뼉을 치면서 노래한다.)

한국어문 11-2 **오늘 아침 서울에서 부친 속달편지가 지금 방금 도착했다.**

번역 今朝(けさ)ソウルから出(だ)した速達(そくたつ)の手紙(てがみ)がつい先(さき)ほど着(つ)いた。

■ 주요용법

❶ 「부친」 「도착했다」는, 「부치다」 「도착하다」의 과거형을 쓰면 되므로 「出(だ)す」 「着(つ)く」의 과거형 「出した」「着

いた」가 된다. 「出した」와 같이 「す로 끝나는 5단V」는 음편형이 발생하지 않는다.

⇨ 先に手を<u>出した</u>ほうだけ悪いというのは片手落(かたておち)だ。
(먼저 손을 댄 쪽만 나쁘다고 하는 것은 공평치 못하다.)

⇨ 兄の乗った電車は、私がちょうど大阪駅に<u>着いた</u>ころだろう。
(형이 전철을 탔을 때는, 마침 오사카 역에 도착했을 무렵일 것이다.)

② 「지금 방금」은 「つい先(さき)ほど」 「今(いま)が今(いま)」 「ただいま」에 대응한다. 그러나 「ただいま」는, 좀 뉘앙스가 다르다. 집에 돌아왔을 때의 인사말이다(= <u>ただいま</u>帰りました, '지금 막 돌아왔습니다'의 줄인 말).

⇨ 発表(はっぴょう)は<u>つい先ほど</u>ありました。
(발표는 조금 전에 이루어졌어요.)

⇨ <u>今が今</u>、帰宅(きたく)したところだよ。
(지금 방금 집에 도착했어요.)

⇨ 息子 : <u>ただいま</u>! (다녀왔어요.)
母　 : お帰りなさい。(어서 와라.)

한국어문 11-3 재산은 커녕 생명까지 내던<u>졌다</u>.

번역 財産(ざいさん)はおろか命(いのち)まで投(な)げ出(だ)<u>した</u>。

■ 주요용법

① 「投(な)げ出(だ)した」는, 「投げ出す」(5단)의 과거형이다. 「投げ

出す」는「す로 끝나는 5단V」이다.

⇨ そのおばあさんは全財産(ぜんざいさん)をなげだした。
(그 할머니는 전 재산을 내놓았다.)

❷「～은커녕」이라는 말은, 「～はおろか」로 한다.

⇨ 漂流(ひょうりゅう)して三日間、島影(しまかげ)はおろか船の姿(すがた)すら見あたらなかった。
(표류한지 3일간, 섬의 모습은커녕 배 조차 발견되지 않았다.)

12. <V- ㄴ 적이 있다/ 없다 → V- 用 たことがある/ ない>

한국어문 12-1 어렸을 때 장난감 비행기를 타 본 적이 있는데 그 때가 그립습니다.

번역 幼(おさな)い時、おもちゃの飛行機(ひこうき)に乗ってみ**たことがある**が、あのころがなつかしいです。

■ 주요용법

❶「V- ㄴ 적이 있다」라고 과거의 경험을 나타내는 형식은, 「V-用たことがある」로 표현하자. 「V- 用た」는 앞에서 이미 설명한 것으로「みる」(上1)는「みた」가 된다.

❷「그립다」는, 「懐(なつ)かしい」외 「慕(した)わしい」「恋

(こい)しい」를 들 수 있다. 「懐かしい」는, 특히 과거의 일이나 떨어져 있어 만날 수 없는 사람 또는 물건에 대해서 사용하는 말이다. 「慕わしい」는 어떤 특정인을 동경하는 의미가 있다. 「恋しい」는 사람・물건・장소 등에 끌려 가만히 있을 수 없는 기분을 표현할 때 쓰는데 이 말이 그 중에서 가장 강렬하며, 이성에 대해서 쓰는 경우가 많다.

⇨ 田舎(いなか)には、夏休みのたびに楽(たの)しく遊んでもらった懐かしい友達がいる。 -- 만날 수 없는 사람・물건
(시골에는, 여름방학 때마다 즐겁게 놀았던 그리운 친구가 있다.)

⇨ あの慕わしいお方に一目(ひとめ)お会いしたいと、そのことだけを念(ねん)じております。 -- 특정인
(그 그리운 분을 한번 만나 뵙고 싶은 마음 간절합니다.)

⇨ 一人旅(ひとりたび)に出てから一週間たちましたが、彼女を恋しく思う気持ちはつのるばかりです。 -- 이성간
(혼자 여행을 떠나 일주일 지났습니다만, 그녀를 그립게 생각하는 마음은 더할 뿐입니다.)

한국어문 12-2 **나는 잠실축구장에서 그 유명한 선수를 만난 적이 있는데, 말할 수 없는 영웅심을 느꼈다.**

번역 私は蚕室(ザムシル)サッカー場(じょう)でその有名(ゆうめい)な選手(せんしゅ)に会った**たことがある**が、言葉(ことば)では表現(ひょうげん)できないものを感(かん)じた。

■ 주요용법

❶ 「会う」(5단)는, 「会った」가 된다.

⇨ どこかで会ったみたいですが。
(어디선가 만난 적이 있는 것 같은데...)

⇨ 久(ひさ)しぶりに会った彼には、以前(いぜん)のなごやかな表情(ひょうじょう)がなくなっていた。
(오랜만에 만난 그에게서는 이전의 온화한 표정이 없어보였다.)

❷ 「말할 수 없는 영웅심을 느꼈다」는, 「言葉では表現(ひょうげん)できないものを感(かん)じた」로 번역하지만 「なんとも言えない英雄(えいゆう)のようなものを感じた」로 번역해도 좋을 것 같다.

⇨ ビール・ゲーツに出会(であ)った私は、なんとも言えない英雄のようなものを感じた。
(빌・케이츠와 우연히 만난 나는 말할 수 없는 영웅심 같은 것을 느꼈다.)

한국어문 12-3 이 지역은 과거에 몇 번인가 홍수에 휩쓸린 적이 있다.

번역 この地域(ちいき)は過去(かこ)に何回(なんかい)か洪水(こうずい)に見舞(みま)われ**たことがある**。

■ 주요용법

❶ 「見舞(みま)う+れる」에 「〜たことがある」가 접속되어 과거의 경험을 표현하고 있다.

❷「홍수에 휩쓸리다」는,「洪水(こうずい)に見舞(みま)われる」와 같이 피해를 보는 경우이므로 受身表現으로 하자.「見舞われる」는, 홍수・대설 등 자연현상으로 피해를 당하는 경우에 자주 사용되고 있다.

⇨ その火山(かざん)が噴火(ふんか)する前には、きまってふもと一帯(いったい)が強い地震(じしん)に見舞われている。
(그 화산이 분화하기 전에는, 으레 산기슭 일대가 강한 지진에 휩싸이게 된다.)

한국어문 12-4 **나는 가족과 함께 일본에 2년간 있었던 적이 있습니다. 그래서 여기저기를 안내할 수 있습니다.**

번역 私は家族といっしょに日本に二年間い**たことがあり**ます。それで日本のあちらこちらが案内(あんない)できます。

주요용법

* **「いた」와「いった」의 구별**

「居(い)る(上1) + た」 → 「いた」(있었다)

「行(い)く(5단) + た」 → 「いった」(갔다)

「言(い)う(5단) + た」 → 「いった」(말했다)

⇨ 地震(じしん)の時、私は学校にいた。
(지진이 있었을 때 나는 학교에 있었다.)

⇨ 毎日近(ちか)くにある図書館にいった。
(매일 가까이에 있는 도서관에 갔다.)

⇨ 日本へ行くつもりだといった。
(일본에 갈 예정이라고 말했다.)

한국어문 12-5 통도사 자장암에 있는 금개구리를 본 적이 있어요. 저는 그것을 보고 대단히 감동했습니다.

번역 通道寺(トンドサ)の慈蔵庵(ザザンアム)にいる金蛙(きんがえる)を見**たことがあり**ます。私はそれを見てたいへん感動(かんどう)しました。

주요용법

1. 「본 적이 있다」는, 「見たことがある」로 번역하자.

2. 「감동하다」는, 「感動(かんどう)する」 또는 「感心(かんしん)する」「感心(かんしん)だ」로 표현한다.

⇨ 電車にひかれかけた日本人を命(いのち)がけで救(すく)った韓国人の行動(こうどう)をテレビで知って、深く感動した。[韓国留学生, 李秀賢]
(전차에 치일 뻔 했던 일본인을 목숨 걸고 구해준 한국인의 행동을 TV에서 알고 깊이 감동했다.)

⇨ いつも人への心くばりを忘れない彼女の優(やさ)しさには、ほとほと感心する。
(늘 타인에게 마음 씀씀이를 잊지 않는 그녀의 상냥함은 정말로 감동스럽다.)

⇨ みんなのいやがることを進んでやることは、なかなか感心だ。
(모두가 싫어하는 일을 자진해서 한다니 매우 감탄스럽다.)

13. <V- 기도 하고 V- 기도 하다 → V- 用たり V- 用たりする>

한국어문 13-1 먹이도 주**기도 하고** 보살펴 주**기도 하**는 사이에 어느 새 강아지가 귀여워졌다.

번역 えさをやっ**たり**面倒(めんどう)を見**たりし**ているうちに、いつの間(ま)にか、この小犬(こいぬ)がかわいくなってきた。

주요용법

① **「V- 用 たり」만드는 방법** : 앞의 〈문형-9. 「V- 用て」〉와 동일함.

② 「～기도 하고, ～기도 하다」「～거나, ～거나 하다」「～ㅆ다, ～ㅆ다 하다」는, 「～たり～たりする」의 문형을 사용하자.

⇨ 悲(かな)しいことがあると、叫(さけ)ん<u>だり</u>、その悲しみを他人(たにん)に訴(うった)え<u>たり</u>、何かに祈(いの)っ<u>たりし</u>たくなります。
(슬픈 일이 있으면, 소리치거나 그 슬픔을 다른 사람에게 호소하거나, 무엇인가에 빌고 싶어집니다.)

⇨ 草取(くさとり)をしていたおばあさんが立(た)ち上(あ)がって、体を後(あと)に反(そ)らせ<u>たり</u>、腰(こし)を叩(たた)い<u>たりし</u>ている。
(김매기를 하고 있던 할머니가 일어서서, 몸을 뒤로 젖혔다 허리를 두드렸다 하고 있다.)

③ 「보살펴 주다」「돌보아 주다」는, 「面倒(めんどう)を見る」로 표현하자.

⇨ 生き物を飼(か)うのはいいけれど、いつも最後(さいご)に面倒を見るのは、お母さんの役目(やくめ)になってしまう。
(살아있는 동물을 키우는 것은 좋지만, 늘 마지막 돌보는 것으로는 엄마의 몫이 되어 버린다.)

❹ 「어느 새」「어느덧」은, 「いつの間(ま)こか」를 사용하면 좋은 표현이 된다.

⇨ 私を乗(の)せた汽車は、いつの間にか、大雪原(だいせつげん)の中を走っていた。
(나를 태운 기차는 어느 새 대설원 속을 달리고 있었다.)

한국어문 13-2 일본의 '스모'에서는 상대를 던져 넘어뜨리거나 씨름판 바깥으로 내밀거나 하면 이기게 됩니다.

번역 日本の'相撲(すもう)'では、相手を投(な)げて倒(たお)し**たり**土俵(どひょう)の外に押(お)し**たりすれ**ば、勝(か)ちになります。

주요용법

「넘어뜨리다」「내밀다」는, 「倒(たお)す」「押(お)す」로 하되 음편형에 관계없이 활용하면 된다. 「倒(たお)したり押(お)したりする」의 형식으로 표현한다.

⇨ わたしたちが話したり書いたりすることばは、いつも単語(たんご)ではなく文(ぶん)が基本(きほん)になります。
(우리들이 이야기하거나 쓰는 말은 항상 단어가 아니라 문장이 기본이 됩니다.)

14. <N, V- 하러 가다(오다) → N(동작性 N, V- 用) + に いく(くる)>

한국어문 14-1 학생들은 다카사키산 동물원으로 일본원숭이를 보러 나갔습니다.

번역 学生たちは高崎山(タカサキヤマ)の動物園(どうぶつえん)へ日本猿(にほんざる)を見**に出(で)かけ**て行きました。

■ 주요용법

① 「V- 用」은, 「V- 用ます」의 경우를 말한다. (〈문형-8-1〉참조) 「N (동작성 N, V- 用)に 行く(くる)」의 문형이다. 여기서 「동작성 N」이란, 보통의 N가 아니라 「움직임」을 나타내는 성격의 것을 말한다. 즉, 「散歩(さんぽ)」(산책), 「釣(つり)」(낚시), 「迎(むか)え」(마중)등의 단어가 그것이다. 「愛(あい)」(사랑), 「思(おも)い」(생각), 「思想(しそう)」등은 물론 해당되지 않는다. 또한 이와 같은 문형에 있어서 서술어는, 「行く」「来る」「出る」「入(はい)る」「出掛(でか)ける」등 「왕래를 나타내는 V류」가 대부분이다.

⇨ めっきり春らしくなった陽気(ようき)に誘(さそ)われて、家族そろって散歩に出掛けた。
(제법 봄다운 날씨에 끌려 가족 다 같이 모여 산책하러 나갔다.)

⇨ 田舎(いなか)から出てくるおじいさんを迎えに、ソウル駅へ行くところです。
(시골에서 오시는 할아버지를 마중하러 서울역으로 가는 참입니다.)

⇨ 彼女の家に遊びに行ったら、おやつにサンドイッチとジュースが出た。
(그녀의 집에 놀러 갔더니 간식에 샌드위치와 주스가 나왔다.)

⇨ 一週間ほど休暇(きゅうか)をもらって、旅(たび)に出てみようと思っています。
(일주일 정도 휴가를 받아 여행 가려고 생각하고 있습니다.)

❷「出る」에는 여러 가지 의미가 있다.

⇨ 彼はどうして会社を出たのですか。 … 퇴직
(그는 왜 회사를 나갔나요?)

⇨ 本校(ほんこう)は決勝戦(けっしょうせん)に出ます。 … 출전
(본교는 결승전에 나갑니다.)

⇨ 彼女は買い物に出ました。 … 외출
(그 여자는 쇼핑하러 나갔습니다.)

⇨ 彼は政界(せいかい)へ出ます。 … 진출
(그는 정계로 나갑니다.)

⇨ 彼は二年前の三月に大学を出て、今は広告会社に勤めている。 … 졸업
(그는 2년 전 3월에 대학을 나와, 지금은 광고회사에 근무하고 있다.)

한국어문 14-2 올 겨울엔 눈이 많이 왔기 때문에 가족과 함께 스키 타러 갔습니다.

번역 今年(ことし)の冬は雪がたくさん降(ふ)ったので家族(かぞく)といっしょにスキーをしにいきました。

■ 주요용법

「스키를 타다」는 「スキーをする」로 한다. 「する」의 연용형 「し」로 바꾸어 사용하고 있다.

⇨ スキーをしに、夫(おっと)と白馬(ハクバ)に行きました。白馬コルチナ国際(こくさい)スキー場(じょう)です。
(스키를 타러 남편과 하쿠바에 갔습니다. 하쿠바 코르치나 국제스키장입니다.)

⇨ 北海道の緑豊(みどりゆた)かな町(まち)でアウトドアガイドをやっています。是非(ぜひ)自然体験(しぜんたいけん)をしにいらしてください。〔緑の森〕
(홋카이도의 신록이 우거진 마을에서 아웃도어 가이드를 하고 있습니다. 꼭 자연체험하러 와주세요.)

한국어문 14-3 **3월이 되면 일본인들은 공원이나 유명한 고적에 꽃 구경하러 간다.**

번역 3月になると、日本人たちは公園や有名(ゆうめい)な古跡(こせき)へ花見(はなみ)**にいく**。

■ 주요용법

1. 「꽃구경 하러 가다」는 「花見(はなみ)にいく」로 표현하자.
2. 「～이나」라는 우리말은, 일본어에서 다양한 표현으로 사용된다.

⇨ 어느 것이나 내 것이다. (どれもぼくのものだ。) … 분량
⇨ 이것이나 가져가라. (これでももって行け。) … 한정

⇨ 비가 3일<u>이나</u> 내린답니다.(雨が三日<u>も</u>ふるそうです。) … 빈도
⇨ CD<u>나</u> MD도 팔고 있다. (CD<u>や</u>MDも売っている。) … 나열

❸ 「고적」은, 「古跡(こせき)」 이외 「旧跡(きゅうせき)」라고도 한다.

⇨ わたしたちは先週鎌倉時代(かまくらじだい)の<u>旧跡</u>を訪(たず)ねた。
(우리들은 지난주 가마쿠라시대의 고적을 찾았다.)
⇨ <u>古跡</u>を巡(めぐ)れば、きっとあなたを源氏物語(げんじものがたり)の世界へ誘(さそ)ってくれるでしょう。
(고적을 돌아보면 틀림없이 당신은 겐지 모노가타리의 세계로 빠져들 거예요.)

한국어문 14-4 그녀의 할머니는 오늘 20년 단기의 적금을 타<u>러</u> 국민은행에 <u>갑</u>니다.

번역 彼女のお祖母(ばあ)さんは今日二十年の満期(まんき)の積立金(つみたてきん)を受け取(と)り<u>に</u>国民銀行へ<u>行き</u>ます。

주요용법

❶ 「타다」는, 「受け取る」로 번역하자. 연용형 「受け取り」로 바꾸어 사용하고 있다.

⇨ わたしは召集令状(しょうしゅうれいじょう)を<u>受け取っ</u>たとき、来るべきものが来たと覚悟(かくご)した。
(나는 소집영장을 받았을 때, 올 것이 왔다고 마음먹었다.)

❷ 「적금」은, 「積金」이라 하지 않고 「積立金(つみたてきん)」이나 「定額貯蓄(ていがくちょきん)」으로 번역한다. 「적금을 붓다」는, 「お金を積立(つみた)てる」로 하자.

⇨ その母親は、今日、娘の結婚に備(そな)えて10年前からためていた積立金を受けとった。
(그 어머니는, 오늘 딸의 결혼에 대비하여 10년 전부터 부은 적금을 탔다.)

⇨ この銀行に毎月五万円ずつ定額貯蓄をしている。
(이 은행에 매월 5만 엔씩 정기저축을 들고 있다.)

⇨ 私は毎月お金を積立てている。
(나는 매달 적금을 붓고 있다.)

한국어문 14-5 이 어트랙션은 피터 팬이 해적선을 타고 런던의 밤하늘을 날아 네버랜드로 모험하러 가는 것을 나타낸 것이다.

번역 このアトラクションはピーターパンが海賊船(かいぞくせん)にのってロンドンの夜空(よぞら)を飛(と)んでネバーランドへ冒険(ぼうけん)**に出かける**のを表(あらわ)したものだ。

주요용법

「모험하러 가다」는, 「冒険(ぼうけん)に出かける」를 사용하자. 동작성N 「冒険」에 조사 「に」가 접속되어 있다. 「하이킹하러 가다」도 「ハイキングに出かける」로 번역하면 된다.

⇨ 卒業(そつぎょう)の間近(まぢか)い春の一日(いちにち)ク

ラスのみんなでハイキングに出かけた。
(졸업이 임박한 어느 봄날의 하루, 반 친구들 모두 하이킹 하러 나갔다.)

⇨ トム・ソーヤーの冒険。
(= The Adventures of Tom Sawyer, 톰 소여의 고험)

⇨ ハックルベリー・フィンの冒険。
(= The Adventures of Huckleberry Finn, 허클베리 핀의 모험)

15. <V- ㄴ, ㄹ, 기 + N ⇨ V- 体 + N>

한국어문 15-1 유학에 관한 것을 선배에게 의논하는 것은 바람직스럽다.

번역 留学(りゅうがく)に関(かん)する ことで先輩(せんぱい)に相談(そうだん)する ことは望(のぞ)ましい。

주요용법

1. 우리말의 V는 뒤에 체언을 접속하게 되면 보통 그 해석이 「~ㄴ」「~ㄹ」「~기」로 하게 되는데, 일본어의 V에서는 連体形(기본형)으로 사용된다. 여기서는 「V ㄴ + N」의 형식으로, 「관한 일」은 「関すること」로 한다. 그런데 「N에 관한 것」은, 〈문형-3-4〉에서 설명했듯이 「留学のこと」와 같이 「Nのこと」의 형식으로도 자주 사용한다.

⇨ 이 편지에는 무역에 관한 것이 쓰여 있다.
(この手紙には貿易のことが書かれている。)

❷ 「의논」에 대한 일본어는, 「議論(ぎろん)」이 아니고 「相談(そうだん)」을 쓴다. 「相談」은, 무언가 결정 또는 해결하거나 서로 이야기하는 경우에 사용되는데 영어 「consultation」으로 번역된다. 물론 인생 상담을 할 때의 어휘로는 「人生相談(じんせいそうだん), counseling」을 사용하는 것과 같이, 혼자서 해결할 수 없는 일에 대하여 상대에게 조언을 구한다는 의미로도 사용된다. 「의논」의 대응어는 어디까지나 「相談」이다. 「議論(ぎろん)」은 어떤 일을 해결하기 위하여 「토의하는 것」을 말하며 영어에서는 「discussion, argument」로 번역된다. 유사한 말로는 「話し合(あ)い」「打(う)ち合(あ)わせ」「協議(きょうぎ)」등이 있다. 그러나 무역거래에서 「수출상담」은, 「輸出商談(ゆしゅつしょうだん)」으로 표현하는데 전혀 다른 내용이다.

⇨ あの事故(じこ)のことで弁護士(べんごし)と<u>相談</u>する。(= consult)
(그 사고 건으로 변호사와 의논한다.)

⇨ そんな大事(だいじ)なことをぼくに何の<u>相談</u>もなく勝手(かって)に決(き)められては困(こま)るなあ。(= consultation)
(그런 중요한 일을 나에게 아무런 의논 없이 마음대로 결정되는 것은 곤란해.)

⇨ 先生と親が私の進路(しんろ)について<u>相談</u>している。(= consult)
(선생님과 부모님이 나의 진로에 대하여 상담하고 있다.)

⇨ 新聞の身(み)の上(うえ)<u>相談</u>に多くの悩(なや)みが寄(よ)せられている。(= counseling)
(신문의 신상 상담에 많은 고민거리가 실려 있다.)

⇨ 今日は結論(けつろん)は出なかったが、この問題については今後(こんご)も<u>議論</u>を重(かさ)ねていきたい。(= discuss)

(오늘은 결론이 나오지 않았지만, 이 문제에 대해서는 앞으로도 토의를 거듭하고 싶다.)

⇨ 私たちはその映画について長々(ながなが)と議論した。(= discuss)

(우리들은 그 영화에 대하여 오랫동안 토론했다.)

⇨ ライオンとトラはどちらが強いか僕と弟は議論になった。(= argument)

(사자와 호랑이 어느 쪽이 강한지 나와 동생은 논쟁을 벌였다.)

⇨ お互(たが)いの立場を尊重(そんちょう)し、話し合いをしてよりよい考えを生(う)み出(だ)す態度(たいど)を養(やしな)おう。(= talk with)

(서로의 입장을 존중하고 의논하여, 보다 좋은 생각을 도출해 내는 태도를 기르자.)

⇨ 行事(ぎょうじ)を行う前に、係(かかり)の人と日程(にってい)や内容(ないよう)について打ち合わせておく必要(ひつよう)がある。(= discuss)

(행사를 하기 전에 담당자와 일정이나 내용에 대하여 상의해 둘 필요가 있다.)

⇨ 会社の経営者(けいえいしゃ)たちが集まり、不景気(ふけいき)への対策(たいさく)を協議した。(= discuss)

(회사의 경영자들이 모여, 불경기에 대한 대책을 협의했다.)

⇨ 午後日本人バイヤーと商談を交(か)わすつもりです。(= business talk)

(오후에 일본인 바이어와 상담을 나눌 예정입니다.)

한국어문 15-2 박 선생님은 어제 손자를 봤답니다. 멀리 떨어져 있어 선생님을 자주 볼 기회가 없어졌어요.

번역 朴先生はきのう孫(まご)が生(う)まれたそうです。遠く離(はな)れているから先生によく会(あ)う機会(きかい)がなくなりましたね。

주요용법

1. 「V ㄹ + N」의 형식을 취하고 있다. 「볼 기회」는 「会(あ)う機会」로 하자.

   ⇨ 道(みち)で先生に会うとき、母は腰(こし)をかがめて丁寧(ていねい)にあいさつをする。
   (길에서 선생님을 만날 때, 엄마는 허리를 굽혀 공손히 인사를 한다.)

2. 「~를 보다」라는 말은, 「~가 태어나다」나 「~를 만나다」라는 의미가 있으므로 「~が生(う)まれる」「~に会(あ)う」로 사용하면 된다.

   ⇨ 去年結婚した姉に子供が生まれるというので、父も母もおお喜びです。
   (지난해 결혼한 누나에게 아이가 태어난다고 해서 아빠 엄마 모두 너무나 기뻐합니다.)

   ⇨ 好(す)きな人に会うためならと、その夜の新幹線(しんかんせん)に乗(の)った。
   (좋아하는 사람을 만나기 위해서라면 하고 그 날 밤 신칸센을 탔다.)

한국어문 15-3 마을 의사는 그의 집에 찾아오는 어떤 사람이라도 상담을 해 줍니다.

번역 村(むら)のお医者(いしゃ)さんは家へ尋(たず)ねてくる<u>る</u>どんな人でも相談(そうだん)をしてあげます。

■ 주요용법

「찾아오는 사람」은, 「V ㄴ + N」의 형식을 취하므로 연체형 「尋ねてくる」를 쓰면 된다.

⇨「アートを<u>たずねる月</u>」にて、福岡市内の展示作品(てんじさくひん)をご紹介(しょうかい)します。
(「아트를 찾는 달」에서, 후쿠오카시 내의 전시 작품을 소개합니다.)

한국어문 15-4 여행을 가<u>기</u> 전에 호텔에 예약을 해야 하므로 돈을 빌렸습니다.

번역 旅行(りょこう)に行<u>く</u>前にホテルの予約(よやく)が必要(ひつよう)だからお金を借(か)りました。

■ 주요용법

❶ 「V 기 + N」의 형식을 취하고 있으므로 「行く前」로 연체형(기본형)으로 하면 된다.

⇨ 旅行に<u>行く前</u>に宮崎(みやざき)からソウルに行く情報(じょうほう)です。
(여행 가기 전에 미야자키에서 서울로 가는 정보입니다.)

❷ 「여행을 가다」는, 「旅行(りょこう)する」 또는 「旅行に行く(出る)」를 사용한다.

⇨ 彼女がなぜ一人で<u>旅行に出</u>たのか、ぼくはその動機(どうき)が知(し)りたい。
(그녀가 왜 혼자서 여행을 갔는지 나는 그 동기를 알고 싶다.)

⇨ 社会人(しゃかいじん)になる前にぜひ一度、海外(かいがい)<u>旅行をし</u>たいと思っています。
(사회인이 되기 전에 꼭 한번 해외여행을 하고 싶습니다.)

한국어문 15-5 대학을 졸업하<u>기</u> 전에 한 번 여유 있게 친구와 여행이라도 해보고 싶다.

번역 大学を卒業<u>する</u>前に、一度ゆっくり友達と旅行でもしてみたい。

■ 주요용법

❶ 앞과 마찬가지로 「V 기 + N」의 형식이므로 「卒業する前」로 하면 된다. 예를 들면 「지적하기 전에」 「건설하기 전에」는, 「指摘(してき)する前に」 「建設(けんせつ)する前に」로 연체형으로 하면 된다.

⇨ 他人(たにん)の欠点(けってん)を<u>指摘(してき)する前に</u>、

自分(じぶん)はどうか考えてみよう。
(다른 사람의 결점을 지적하기 전에 자기 자신은 어떤가 생각해 보자.)

⇨ ダームを建設(けんせつ)する前に、専門家(せんもんか)たちが付近(ふきん)の地形(ちけい)を丹念(たんねん)に調査(ちょうさ)しました。
(댐을 건설하기 전에 전문가들이 부근의 지형을 세심하게 조사했습니다.)

❷ 「여유 있게」는 「ゆっくり」나 「くつろいで」로 번역하자.

⇨ 父は毎日会社で遅くまで拘束(こうそく)され、ゆっくりする暇がありません。
(아버지는 매일 회사에 늦게까지 구속되어 천천히 쉴 여유가 없습니다.)

⇨ 今日は昼間(ひるま)にライブDVDをみてくつろいでいました。夜はギターを弾(ひ)いたり…。
(오늘은 낮에 라이브 DVD를 보고 느긋하게 쉬었습니다. 밤에는 기타를 치기도하고….)

16. <V- ㄴ다면 → V- 仮 ば>

한국어문 16-1 10에서 4를 빼면 10-4=6 으로 나머지는 6입니다.

번역 10から4を引(ひ)**けば**10マイナス4イコール6で残(のこ)りは6です。

주요용법

1 **「V- 仮 ば」만드는 방법**

: 5단 (ウ단 → エ단), 上1・下1 (る → れ),
くる (くれ), する (すれ)

예) よむ→よめば　おきる→おきれば　たべる→たべれば
くる→くれば　する→すれば

2 여기의 「빼면」은, 「引(ひ)く」의 가정형 「ひけ」에 조사 「ば」를 붙이면 된다.

⇨ 事前(じぜん)に準備(じゅんび)しておけば、当日(とうじつ)慌(あわ)てなくて済(す)みます。
(사전에 준비해 두면 당일 당황하지 않아도 됩니다.)

3 「나머지」는, 「残(のこ)り」로 번역하자.

⇨ 食事(しょくじ)の残りは捨(す)てるのですか。
(식사한 후 나머지는 버립니까?)

⇨ 休暇(きゅうか)の残りはいえで過(す)ごした。
(남은 휴가는 집에서 보냈다.)

한국어문 16-2 **만약 내가 커서 돈을 많이 번다면 고아원을 세우고 싶다.**

번역 もし私が大(おお)きくなってお金をたくさん儲(もう)ければ、(私は)孤児院(こじいん)を建(た)てたい。

■ 주요용법

❶ 「돈 벌다」는, 「儲ける(下1)+ば」로 분석하여 번역한다.

❷ 「돈 벌다」는 「儲(もう)ける」(他v)이고, 「돈벌이가 되다」는 「儲(もう)かる」(自v) 임에 주의하자.

⇨ 都会(とかい)へ行って、たくさん金を<u>もうけ</u>てくると言って出かけたまま、彼は戻(もど)らなかった。
(도회지에 가서 돈을 많이 벌어 온다며 나간 채 그는 돌아오지 않았다.)

⇨ 株(かぶ)でたんまり<u>もうかっ</u>た。
(주식으로 많이 돈벌이가 되었다.)

17. <V- 어라 → V- 命>

한국어문 17-1 「두드<u>려라</u>, 그러면 열릴 것이다」라는 성서의 유명한 말이 생각난다.

번역 「叩(たた)<u>け</u>よ、さらば開(ひら)かれるであろう」という聖書(せいしょ)の有名(ゆうめい)な言葉(ことば)が思(おも)い出(だ)される。

■ 주요용법

❶ <u>「V- 命」 만드는 방법</u>

: 5단 (ウ단 → エ단) 上1・下1(る → ろ, よ), くる(こい), する (しろ, せよ)

⇨ かく(5단, 쓰다) → かけ (써라)
おきる(上1, 일어나다) → おきろ, おきよ (일어나라)
たべる(下1, 먹다) → たべろ, たべよ (먹어라)
くる(오다) → こい。 (오라)
する(하다) → しろ, せよ (해라)

❷ 「두드려라」는, 「叩(たた)く(5단)」의 명령형 「叩け」로 하자.

⇨ お母さん、疲(つか)れたの。肩(かた)をたたいてあげようか。
(엄마, 피곤하지. 어깨 두드려 줄까?)

❸ 「그러면」은, 여기서는 문어체 「さらば」가 어울린다. 즉 「それでは」라는 말이다.

⇨ さらばお話(はな)し申(もう)しましょう。
(그러면, 말씀드리겠습니다.)
⇨ それではこれから会議(かいぎ)を開(ひら)きます。
(그럼, 지금부터 회의를 시작하겠습니다.)

❹ 「~ㄹ 것이다」는, 「~だろう」보다 「~であろう」가 어울린다. 「~であろう」는 성스러운 어감이 다분히 들어있기 때문이다.

⇨ おそらくこの子は、将来(しょうらい)大事(だいじ)をなすほどの人物(じんぶつ)になるであろう。
(아마 이 아이는 장래 큰일을 해낼 만한 인물이 될 것이리라.)

한국어문 17-2 방에 들어오기 전에 먼저 문을 노크<u>하라</u>. 그것은 기본적인 예의이다.

번역 部屋(へや)へ入(はい)る前(まえ)にまず戸(と)をノック<u>せよ</u>。それは基本的(きほんてき)な礼儀(れいぎ)だ。

■ 주요용법

「노크하다」는, 「ノックする」라는 「する」V이므로 「ノックせよ」 또는 「ノックしろ」로 고치면 된다. 「する」의 명령형은 「せよ」 「しろ」이다.

⇨ 努力(どりょく)<u>せよ</u>、努力<u>せよ</u>とうるさく言われる。
(노력해! 노력해! 라고 짜증스럽도록 듣는다.)

⇨ どうやらあいつは敵(てき)に寝返(ねがえ)りを打(う)ったらしいから注意(ちゅうい)<u>しろ</u>。
(어쩐지 저 녀석은 적과 내통한 것 같으니 주의해!)

18. <V- 지 않다 → V- 未 ない>

한국어문 18-1 그 노인은 어두운 곳을 걸어갔지만 머리를 부딪치<u>지 않</u>았다.

번역 その老人(ろうじん)は暗(くら)い所を歩(ある)いていったが頭をぶつけ<u>なかっ</u>た。

■ 주요용법

❶ 「V- 未 ない」만드는 방법[5)]

: 5단(ウ단→ア단)[6)]**, 上1・下1 (る탈락), くる(こ), する(し)**[7)]

「V+ない」의 用法이다. 5단V의 미연형은 어미가 ア단이 된다. 그리고 上1단, 下1단은 「る」어미를 탈락시키고, 「くる」동사는 「こ」, 「する」동사는 「し」로 바꾸면 된다.

⇨ 5단 : かく+ない → かかない
上1 : おきる+ない → おきない
下1 : たべる+ない → たべない
くる : くる+ない → こない
する : する+ない → しない

❷ 「ぶつける(下1, 부딪치다)+ない」는, 「ぶつけない」로 「る」어미가 탈락된다.

⇨ 彼のくるまはトラックをぶつけなかったが、彼は非常(ひじょう)にびっくりした。
(그의 차는 트럭을 부딪치지 않았지만 매우 놀랐다.)

❸ 「노인」이라는 말에는, 「年寄(としよ)り」「老人(ろうじん)」 또는 「高齢者(こうれいしゃ)」라는 단어가 있다. 「年寄り」는, 고령인 사람 개인에 대해서 사용하며, 「老人」은, 고령인 개인 또는 그 계층의 사람들 모두에게 사용한다. 일본

---

5) 「ない形」이라고도 한다.
6) 단, 어미 「う」로 끝나는 5단은,「わ」로 한다.
⇨ あらう → あらわない, 習う → 習わない
7) 「する」의 미연형에는, 「し」이외에도 「さ」「せ」도 있다.
⇨ 勉強させる (공부하게 하다) 運動される (운동하시다)
勉強せぬ (공부하지 않다) 運動せざるをえない (운동하지 않을 수 없다.)

에서는 대체로 65세 이상의 사람에게 부르고 있는데, 노인을 돌보아 주는 「ボランティア」(自願者)들의 개호(介護) 서비스가 잘 되어 있다. 「高齢者」라는 단어는, 사회적으로 개호시설, 개호보험 등에서 노인을 지칭할 때 많이 사용하는 문장적인 표현이다. 다음의 말을 잘 구별하여 사용하기로 하자.

- お年寄り(○) ↔ ご年寄り(×) … 노인(분)
- お老人(×) ↔ ご老人(○) … 노인(분)
- 年寄りをいたわる(○) ↔ 老人をいたわる(○) … 노인을 돌보다
- 老人問題(○) ↔ 年寄り問題(×) … 노인 문제
- うちの年寄り(○) ↔ うちの老人(△) … 저희집 노인
- 高齢者対策(○) ↔ 老人対策(○) ↔ 年寄り対策(×) … 고령자 대책

⇨ まだまだ第一線(だいいっせん)で働いているんだ。あまり年寄り扱(あつか)いしないでくれ。
(아직도 제 일선에서 일하고 있어. 너무 노인 취급하지 마.)

⇨ 日本では介護(かいご)を必要(ひつよう)とする老人がたくさんいます。
(일본에서는 개호를 필요로 하는 노인이 많이 있습니다.)

⇨ 高齢者で介護が必要になった時、ボランティアの見守(みまも)りは心強(こころづよ)いものです。
(고령자로 개호가 필요하게 됐을 때, 자원봉사자들의 자리지킴으로 마음 든든합니다.)

4 「が」는 「～지만」에 해당하는 접속조사이나, 경우에 따라 무색투명한 의미로도 쓰인다.

⇨ 毎日図書館に行きますがいつも五時間ぐらい勉強します。
(매일 도서관에 가는데 늘 5시간 정도 공부합니다.)

한국어문 18-2 그 프로를 보고 웃<u>지 않은</u> 사람은 한 사람도 없었다.

번역 その番組(ばんぐみ)を見て笑(わら)わ<u>**ない**</u>人は一人(ひとり)もいなかった。

주요용법

1. 5단V 중 「う」로 끝나는 V는, 「ない」에 접속될 때 어미 「う」는 「わ」로 변한다.

   ⇨ 会(あ)う+ない → 会<u>わ</u>ない (만나지 않다)
   払(はら)う+ない → 払<u>わ</u>ない (지불하지 않다)

2. 「프로」란, 「프로그램」을 말하는데, 「プログラム」외에 「番組(ばんぐみ)」라는 좋은 단어가 있다. 「プロ」라는 말은 한국어식 표현이므로 주의하자.

   ⇨ どうしても見たい<u>番組</u>があるので、それまでに宿題(しゅくだい)を終(お)えてしまおう。
   (꼭 보고 싶은 프로가 있어서 그때까지 숙제를 끝내고 말거야.)

한국어문 18-3 저 아이는 매일 먹기만 하고 운동을 하<u>지 않</u>아서 저렇게 뚱뚱한 것이다.

번역 あの子は毎日(まいにち)食べてばかりいて運動(うんどう)をし<u>**ない**</u>からあんなに太(ふと)っているのだ。

주요용법

❶ 「하지 않다」는, 「する+ない」 즉, 「しない」로 표현한다.

⇨ 私がしなくてもだれかがしよう。
(내가 하지 않더라도 누군가가 하겠지.)

❷ 「뚱뚱하다」는 「太(ふと)っている」로, 「여위다」는 「痩(や)せている」로 표현한다.

⇨ フィットネスして5キロもやせている。
(휘트니스 해서 5kg나 살이 빠졌다.)

한국어문 18-4 그는 학생이면서도 학교에는 오지 않고 놀고만 있어 장래가 걱정된다.

번역 彼(かれ)は学生でありながら学校には来(こ)**ない**で遊んでばかりいて将来(しょうらい)が案(あん)じられる。

주요용법

❶ 「오지 않다」는, 「くる+ない」로 분석하여 「こない」로 표현하자.

⇨ デートの相手(あいて)は来ないし、雨にはぬれるし、まったく踏(ふ)んだり蹴(け)ったりだ。
(데이트 상대는 오지 않고 비는 맞고 아주 엎친 데 덮친 격이다.)

❷ 「걱정된다」는, 「案(あん)じられる」르 번역한다.

⇨ 乱暴(らんぼう)で乱暴で行(ゆ)く先(さき)が案じられると母が言った。〔漱石, 坊っちゃん〕
(너무나 난폭해서 장래가 걱정된다고 엄마가 말했다)

19. <V- 자, 겠다, ㄹ 것이다 → V- 未 (よ)う>

한국어문 19-1 빨리 일어나자! 그렇지 않으면 먹이를 많이 먹지 못해. 〔동화〕

번역 早く起きよう! さもないと, えさをたくさん食(く)えん。

주요용법

❶ 「V- 未 (よ)う」 만드는 방법[8)]
: 5단 (ウ단 → オ단+う), 上1・下1 (る탈락+よう), くる (こよう), する (しよう)

⇨ かく(5단, 쓰다) → かこう(쓰자)
おきる(上1, 일어나다) → おきよう (일어나자)
たべる(下1, 먹다) → たべよう (먹자)
くる(오다) → こよう (오자)
する(하다) → しよう (하자)

❷ 「권유」 「의지」 「추측」를 표현하지만, 대부분 「권유」와 「의지」로 사용된다. 「추측」으로 사용되는 예는 대개 날씨와 관련되는 것에서만 볼 수 있다. 여기서 「일어나자」는 상대방에 대한 「권유」의 표현이다.

---

8) 의지형(意志形)이라고도 한다.

⇨ 映画を見に行こう。 … 권유

(영화 보러 가자.)

⇨ 来年大学院(だいがくいん)に入ろうと思う。 … 의지

(내년에 대학원에 들어 가려고한다.)

⇨ 明日雪が降るでしょう。 … 추측

(내일은 눈이 오겠지요.)

❸ 「그렇지 않으면」은, 「そうでないと」 또는 문장체의 표현 「さもないと」 「さもなければ」 등으로 바꿀 수 있다.

⇨ 茶(ちゃ)の間(ま)か、さもなければお嬢(じょう)さんの室(へや)で、突然(とつぜん)男の声が聞こえるのです。その声がまた私の客(きゃく)と違(ちが)って、すこぶる低いのです。〔漱石, こころ〕

(응접실인가, 그렇지 않으면 따님 방에서, 갑자기 남자 목소리가 들려요. 그 소리가 또 내 손님과 달라 매우 낮아요.)

❹ 「먹지 못해」는, 「먹을 수 없다」는 말이다. 「食(く)える+ない」 또는 「食える+ぬ(ん)」로 분석하여 번역한다.

⇨ 夢でメシは食えぬが、夢無(ゆめな)しでは生(い)きられない。

(꿈으로 밥은 먹을 수 없지만 꿈 없이는 살아갈 수 없다.)

한국어문 19-2 이제 돈을 헛되이 쓰지 않고 더 절약해 보려고 합니다.

번역 もうむだづかいを止(や)めて、もっと倹約(けんやく)しようと思います。

■ 주요용법

❶ 「~보려고」는 「의지」의 표현이다. 「する」의 미연형 「し」가 되어 「しよう」가 된다.

⇨ 久(ひさ)しぶりにいい日和(ひより)なので、散歩でもしようかと思った。
(오랜만에 좋은 날씨이니까 산책이라도 해볼까 라고 생각했다.)

❷ 「헛되이 쓰다」는, 「無駄遣(むだづか)いをする」이고, 「헛되이 쓰지 않다」는 「むだづかいをしない」 또는 「むだづかいをやめる」로 표현하자.

⇨ 無駄遣いをしないで、少しでも貯金(ちょきん)しなさい。
(헛되이 쓰지 말고 조금이라도 저금해요)

❸ 「절약하다」는, 「倹約(けんやく)する」나 「節約(せつやく)する」로 번역하자. 「倹約する」는 금전에 관하여 말할 때 사용되지만 「節約する」는, 금전・물건 양쪽 다 사용된다. 「倹約する」는, 좀 구두쇠 같이 인색한 느낌이 드는(けちくさい) 마이너스적인 의미가 있다. 그러나 「節約する」는 나름대로 합리적으로 생각하는 플러스적인 의미가 내포되어 있다.

⇨ 今月は小遣(こづか)いを倹約して使った。
(이번 달은 용돈을 절약해 썼다.)

⇨ 家計(かけい)の赤字(あかじ)を減(へ)らすためには、何よりもまず倹約に努(つと)めることが大切(たいせつ)だ。
(가계의 적자를 줄이기 위해서는, 무엇보다 먼저 절약에 힘쓰는 것이 중요하다.)

⇨ 石油(せきゆ)は限(かぎ)りある資源(しげん)だから、むだ使いをやめてもっと節約しよう。

(석유는 제한된 자원이니까, 헛되이 쓰지 말고 더욱 절약하자.)

⇨ 今年は水不足(みずぶそく)が予想(よそう)されるので、今のうちから水を節約して使うようにしましょう。
(금년은 물 부족이 예상되기 때문에 지금부터 절약하여 사용하도록 합시다.)

한국어문 19-3 정성을 다하여 기도하면, 분명히 비가 내릴 것이다.

번역 心(こころ)をこめてお祈(いの)りすれば、必(かなら)ず雨(あめ)が降(ふ)ろう。

주요용법

❶ 「내릴 것이다」라는 추측표현은, 「降る+う」로 분석하여 「降ろう」로 표현한다.

⇨ ウメの花がようやく咲(さ)いた。雪や雨が降ろうが、すでに春が来たのに変(か)わりはない。
(매화꽃이 드디어 피었다. 눈과 비가 내릴 것이지만, 이미 봄이 온 것에 틀림이 없다.)

❷ 「정성을 다하여」 「정성껏」은, 「心(こころ)をこめて」 나 「誠(まこと)を尽(つ)くして」로 번역한다.

⇨ このセーターは、母が心をこめて編(あ)んでくれたものです。
(이 스웨터는 어머니가 정성을 다하여 짜주신 것입니다.)

⇨ 彼は、誠を尽くして老母(ろうぼ)を労(いたわ)っている。
(그는 정성껏 노모를 모시고 있다.)

20. <V- 려고(하여) → V- (よ)うと思って, して>

한국어문 20-1 고국의 친구에게 희귀한 선물을 하<u>려고</u> 선물을 파는 가게에 들어가 구경했다.

번역 国の友達に珍(めずら)しいプレゼントをあげ**<u>ようと思って</u>**プレゼントを売(う)る店(みせ)に入って見物(けんぶつ)した。

■ 주요용법

❶ 「～려고」는, 「～(よ)うと思って」로 하여 「의지」를 나타내면 된다.

❷ 「구경하다」는, 「見物(けんぶつ)する」로 하자.

⇨ 秋になると、修学旅行(しゅうがくりょこう)の生徒たちが慶州の古蹟(こせき)を<u>見物する</u>姿(すがた)をよく見かける。(가을이 되면 수학여행 온 학생들이 경주의 고적을 구경하는 모습을 자주 본다.)

한국어문 20-2 도쿄에서 지하철을 타<u>려고 했</u>지만 어떻게 차표를 사야 할지 몰랐다. 그래서 옆 사람에게 물어 보았다.

번역 東京(トウキョウ)で地下鉄(ちかてつ)に乗(の)ろ<u>うとし</u>たが、どういうふうにきっぷを買(か)ったらいいか分らなかった。それで隣(となり)の人に聞(き)いてみた。

■ 주요용법

❶ 「타려고 하다」도, 화자의 의지표현이다. 「乗る+う+とする」로 분석하여 번역하자.

❷ 「어떻게」는, 「どういうふうに」「どうして」로 표현하자. 그러나 「どうして」는 경우에 따라 「なぜ」의 의미로 많이 쓰인다.

⇨ マッサージはどういうふうにするといいか。
(마사지는 어떻게 하면 좋은가?)

⇨ どうして学校におくれたんですか。
(왜 학교에 늦었습니까?)

한국어문 20-3 곤란한 상황에 처해 있는 사람을 보면, 도와주**려고 생각하**는 것이 인간의 당연한 도리이다.

번역 困(こま)っている状況(じょうきょう)にいる人を見たら，助(たす)け**ようと思う**のが人間(にんげん)として当然(とうぜん)の事(こと)だ。

■ 주요용법

❶ 「~려고 생각하다」도 「~ようと思う」로 표현되는 의지 용법이다.

❷ 「곤란한」은, 「困っている」나 「困難(こんなん)な」로 번역하자. 「困難な」는 문장체로 쓰인다.

⇨ 今度のチャリティーコンサートで集(あつ)められたお金

は、生活(せいかつ)に困っている人に送(おく)られる。
(이번 자선 콘서트에서 모여진 돈은, 생활이 곤란한 사람에게 보내진다.)

⇨ 困難な仕事(しごと)も、協力(きょうりょく)すれば、なんとかやりとげることができよう。
(곤란한 일도 협력하면 그럭저럭 잘 해 나갈 수 있을 것이다.)

한국어문 20-4 꽃을 따려고 하다가 발이 미끄러져 강에 빠지고 말았다.

번역 花を摘(つ)もうとしたが足が滑(すべ)って川に落ちてしまった。

주요용법

❶ 이 문제의「따려고 하다」의 뜻도 의지를 나타내고 있다.「つむ(5단)+う+とする」로 분석한다.

❷「따다」는,「摘(つ)む」로 번역하자.

⇨ 野原(のはら)では三人の女の子が無心(むしん)に花を摘んでいる。
(들판에서는 세 명의 여자아이가 무심히 꽃을 따고 있다.)

❸「미끄러지다」는,「滑(すべ)る」(自v, 5단)를 사용하면 될 것이다.

⇨ 海の向(む)こうを、白い船が滑るように進(すす)んで行くのが見える。
(바다 저 편을 흰 배가 미끄러지듯이 나아가는 것이 보인다.)

3

형용사(A)

21. < A- ㄹ 것이다 → A- 未(かろ) う>

한국어문 21-1 친구가 홋카이도에 가 있는데 지금 겨울이라 틀림없이 추울 것이다.

번역 友達が北海道(ホッカイドウ)へ行っているが今冬でさぞや寒かろう。

■ 주요용법

① 「A- 未(かろ) う」 만드는 방법

: 형용사(A)의 추측형[9]은 「い」를 「かろ」로 바꾸고 「う」를 붙이면 된다. 이 경우, 문법적으로 「かろ」를 미연형이라고 한

9) 「형용사(A)」에 대하여 요약 설명하자.
(1) 사물의 성질·상태를 나타낸다.
(2) 기본형은 「~い」로 끝난다.
(3) 활용어미는 「い」이다.
(4) 다음과 같이 활용한다.

다. 「かろう」에는 의지나 권유의 용법은 거의 찾아 볼 수 없다. 더욱이 A는 사물의 성질이나 상태를 나타내기 때문에 명령형은 없다. 이 표현은 문장체 표현이며 口語에서는 「~(こと)だろう」를 쓰는 것이 일반적이라 할 수 있다.

⇨ あつい(덥다) → あつかろう (더울 것이다)
やすい(가격이 싸다) → やすかろう (가격이 쌀 것이다)
さむい(춥다) → さむいだろう/さむいことだろう (추울 것이다)

❷ 「틀림없이」는, 「さぞや」 「さぞ」나 「さだめし」등 많은 유의어가 있다. 「さぞ」는 주로 현재나 과거의 사항을 추측할 때 사용하지만, 「さだめし」는 미래나 가상적인 것에 사용하는 문장어적인 표현이다. 「さぞや」는 「さぞ」를 강하게 하는 말이다.

⇨ この景気(けいき)でさぞやたくさん金をもうけたことだろう。
(이번의 경기로 틀림없이 많은 돈을 벌었을 것이다.) … 과거

⇨ 来年の春にはさだめしきれいな花を咲(さ)かせることだろう。
(내년 봄에는 틀림없이 예쁜 꽃을 피게 할 것이다.) … 미래

未	用	終	さむ	体	仮	命
か	か く	い。	い	い	け	×
ろ	っ ︵		↓	+	れ	
う	た てなす		춥	N	ば	
	いるる		다			

⇨ **さむい (춥다)**

さむかろう (추울 것이다) さむかった (추웠다) さむくて (추워서)
さむくない (춥지 않다) さむくなる (추워지다) さむくする (춥게 하다)
さむいとき (추울 때) さむければ(춥다면)

한국어문 21-2 친구들과 함께 떠나는 기차여행은 재미있<u>을 것이다</u>.

번역 友達といっしょに出かける汽車旅行(きしゃりょこう)は面白(おもしろ)<u>**かろう**</u>。

주요용법

「재미있을 것이다」는, 「面白(おもしろ)い」를 「面白かろう」로 고치면 된다.

⇨ 探偵(たんてい)を主(しゅ)とした小説(しょうせつ)を書いてみたらとても<u>面白かろう</u>。
(탐정을 주제로 한 소설을 써 보면 매우 재미있을 것이다.)

한국어문 21-3 지금은 연말이라 주문이 쇄도하여 가게들은 눈이 빙빙 돌 정도로 바<u>쁠 것이다</u>

번역 今は年(とし)の暮(く)れなので注文(ちゅうもん)が殺到(さっとう)して、お店は目が回(まわ)るほど忙(いそが)し<u>**かろう**</u>。

주요용법

1. 「바쁠 것이다」는, 앞과 마찬가지로 「い」를 「かろう」로 바꾸면 된다. 즉 「忙(いそが)しかろう」가 되는데 문장체에서만 보이는 것으로 구어체로 바꾸면 「忙しいだろう」가 된다.

❷ 「쇄도하다」는, 「殺到(さっとう)する」로 한다.

⇨ 新製品(しんせいひん)を発売(はつばい)したとたんに注文(ちゅうもん)が<u>殺到し</u>、会社はうれしい悲鳴(ひめい)をあげている。
(신제품을 발매하자 주문이 쇄도, 회사는 즐거운 비명을 올리고 있다.)

❸ 「눈이 빙빙 돌 정도로」는, 「目が回るほど」로 번역하자.

⇨ 正月(しょうがつ)が近くなると、美容院(びよういん)を経営(けいえい)している母は<u>目が回るほど</u>忙しい。
(설이 가까워지자 미장원을 운영하는 엄마는 눈이 빙빙 돌 정도로 바쁘다.)

22. <A- ㅆ다 → A- 用(かっ) た>

한국어문 22-1 추<u>웠던</u> 겨울 아침에 고향의 어머니로부터 소식이 왔다.

번역 寒<u>かった</u>冬の朝、国(くに)の母から便(たよ)りが来た。

주요용법

❶ <u>「A- 用(かっ) た」 만드는 방법</u>

: A의 과거형은, 어미 「い」를 「かった」로 바꾸어 사용하면 된다.

⇨ さむい (춥다) → さむかった (추웠다)
いい (좋다) → ┌ いかった(×)
└ よかった(○) (좋았다)
よくない (좋지 않다) → よくなかった(좋지 않았다)

❷ 「소식」은 「便(たよ)り」나 「消息(しょうそく)」로 번역하자.

⇨ 彼(かれ)からはなんの便りもない。
(그로부터는 아무런 소식도 없다.)
⇨ 彼のその後(ご)の消息は不明(ふめい)だ。
(그 사람의 그 뒤 소식은 잘 알 수 없다.)

한국어문 22-2 **이번 여행은 정말로 즐거운 여행이었습니다. 일본의 초밥도 과자도 맛있었습니다.**

번역 今度の旅行(りょこう)は本当(ほんとう)に楽(たの)しい旅行でした。日本の寿司(すし)もお菓子(かし)も美味(おい)し**かった**です。

주요용법

❶ 형용사의 과거형은 어미 「い」를 「かった」로 바꾸어 주면 된다. 단, 공손체의 과거형은, 「~かったでした」로 바꾸어서는 안된다. 다시 말하면, 「むずかしい」는 「むずかしかったです」로 표기해야 한다. 「むずかしかったでした」라는 이중의 과거 표기는 일본어에 없으므로 주의하자.

❷ 「초밥」은 「すし」로 번역한다. 한자로는 「鮨」「鮓」「寿司」로

쓴다. 「寿司」는 「当(あ)て字(じ)」이다. 그것은 아래의 예와 같이, 한자 본래의 의미에 관계없이 음이나 훈을 빌려 적용한 표기를 말한다.

⇨ 亜細亜 : アジア　　珈琲 : コーヒー　　倶楽部 : クラブ

한국어문 22-3 연휴 때문인지 어제는 어느 백화점이고 모두 인파들로 엄청<u>났다.</u>

번역 連休(れんきゅう)のためか、昨日はどこのデパートも人出(ひとで)がものすご<u>かった</u>。

주요용법

❶ 「엄청났다」는, A 「ものすごい」의 과거형 「ものすごかった」를 쓰면 된다.

⇨ 宮内庁職員(くないちょうしょくいん)は、「ダイアナさんの人気は<u>ものすごかった</u>。目がとてもきれいだった」と当時の興奮(こうふん)を振(ふ)り返(かえ)る。
(궁내청 직원은, 「다이아나씨의 인기는 대단했어요. 눈이 매우 예뻤어요.」라고 당시의 흥분을 회고한다.)

❷ 「인파들」은, 「人出(ひとで)」나 「人波(ひとなみ)」로 번역하자. 「人出」는 행락지나 행사장 등에 사람이 많이 나와 있는 것을 말하며, 「人波」는 많은 사람이 움직이는 모습이 마치 파도가 치는 모습과 같다는 것에서 비유한 말이다. 그러나 특정한 물건 주위에 사람들이 많이 모이는 모습은 특

히 「人だかり」를 사용한다.

⇨ 花火大会(はなびたいかい)にはかなりの人出があるだろう。
(불꽃 대회에는 상당한 인파가 나올 것이다.)

⇨ 祭(まつ)りには二十万人の人出があった。
(축제에는 20만명의 인파들이 나왔다.)

⇨ 人波にもまれて、彼の姿(すがた)が見えなくなった。
(수많은 사람들에 휩쓸려 그의 모습이 보이지 않았다.)

⇨ 何かあったのだろうか、向こうで人だかりがしている。
(무슨 일이 있었던 걸까? 저쪽에는 수많은 사람들이 모여 있다.)

❸ 「엄청나다」는, 「ものすごい」「とてつもない」로 번역한다.

⇨ 特急列車(とっきゅうれっしゃ)に、ものすごいスピードでプラットホームを走り過(す)ぎました。
(특급 열차는 엄청난 속력으로 플랫폼을 지나쳤다.)

⇨ 大仏(だいぶつ)を初めて見る人は、とてつもなく、大きなものに感じるにちがいない。
(큰 불상을 처음 보는 사람은, 엄청 크게 느꼈음에 틀림없다.)

23. <A- 고, 서, 어(여) → A- 用(く)て>

한국어문 23-1 일본의 국토는, 아시아대륙의 동쪽에 위치하며 남북으로 가늘고 긴 열도로 되어있다.

번역 日本の国土(こくど)は、アジア大陸(たいりく)の東(ひがし)に位置(いち)し南北(なんぼく)に細(ほそ)くて長(なが)い列島(れっとう)になっている。

■ 주요용법

「A- 用(く) て」 만드는 방법

: A에 이어지는 한국어는 대부분 「고」「서」「어」인데, 일본어로는 어미「い」를 「く」로 바꾸고「て」를 접속시키면 된다.

⇨ すずしい (시원하다) → すずしくて (시원하고, 시원해서)
すみよい (살기 좋다) →すみよくて(살기 좋고, 살기 좋아서)
おいしい (맛있다) → おいしくて (맛있고, 맛있어서)

한국어문 23-2 그녀의 머리카락은 막 갈아놓은 먹물같이 까맣고 부드럽습니다.

번역 彼女(かのじょ)の髪(かみ)はたった今(いま)すった墨汁(ぼくじゅう)のように黒<u>くて</u>柔(やわ)らかいです。

■ 주요용법

1. 「까맣고」는, 「黒い」에 조사 「て」를 붙여 「黒くて」로 번역한다.

2. 「(먹을) 갈다」는 「擦(す)る」로 한다.

⇨ 書き初(ぞ)めがうまく書けますようにと祈(いの)りつつ、墨(すみ)を<u>すり</u>ました。
(새해 신춘휘호를 잘 쓸 수 있도록 기원하면서 먹을 갈았습니다.)

한국어문 23-3 그 날은 아침부터 몸 상태가 나빠서 학교에 가는 것이 마음에 내키지 않았다.

번역 その日は朝から体の調子(ちょうし)が悪く、学校へ行くのがおっくうだった。

주요용법

1. 「나빠서」는 문장체에서 중지법의 형태로 「悪くて」가 「悪く」로 자주 표현된다.

⇨ 異義(いぎ)をさしはさむ余裕(よゆう)すらなく、多数(たすう)に押(お)し切(き)られてしまった。
(이의를 제기할 여유조차 없이, 다수에게 밀려버렸다.)

2. 「마음에 내키지 않다」「귀찮다」는, 「億劫(おっくう)だ」로 한다.

⇨ 体の具合(ぐあい)が悪いせいか、動(うご)くのがどうもおっくうだ。
(몸 상태가 나쁜 탓인지, 움직이는 것이 어쩐지 마음에 내키지 않는다.)

한국어문 23-4 목장의 개는 매우 영리하고 움직임도 빨라서 보기 좋았다. 소들을 잘 보살폈습니다. 〔Mosburger광고〕

번역 牧場(ぼくじょう)の犬はとっても賢(かしこ)くて動(うご)きもすばやくて、かっこうよかった。牛たちの面倒(めんどう)をよく見ていました。

■ 주요용법

❶「영리하고」「빨라서」는 모두「～くて」로 표현하면 된다.

❷「영리하다」는,「賢(かしこ)い」「利口(りこう)だ」로 하자.

⇨ いやだというときは頭を振(ふ)るなんて、賢い犬だね。
(싫다고 할 때는 머리를 흔드니 영리한 개야.)

⇨ チンパンジーは、動物の中で、いちばん利口な子だ。
(침팬지는 동물 중에 제일 영리한 놈이다.)

❸「보기 좋다」는,「かっこ(う)いい」로 하자. 이 표현은 구어 표현에서 자주 나타난다.

⇨ きみって、ハンサムで、足が長くってかっこいいわ。
(너는, 핸섬하고 다리가 길어 멋있어.)

❹「보살피다」는,「面倒(めんどう)を見る」로 옮기자.

⇨ 父は、頼(たよ)ってくる者があれば、委細(いさい)構(かま)わず面倒をみてやった。
(아버지는 부탁하러 오는 사람이 있으면, 사정에 상관하지 않고 돌보아 주셨다.)

한국어문 23-5 모처럼 프로 야구 초대권을 받았는데 공교롭게도 시간이 없어서 유감이다.

번역 せっかくプロ野球の招待券(しょうたいけん)をもらったのに、あいにく暇(ひま)がなくて残念(ざんねん)だ。

■ 주요용법

❶ 「없어서」는, 앞과 마찬가지로 「～くて」로 하여 「なくて」로 번역한다.

❷ 「공교롭게도」는, 「あいにく」로 번역하자.

⇨ 担当者(たんとうしゃ)が、あいにくおりませんので、後(のち)ほどこちらからお電話させていただきます。
(담당자가 공교롭게도 없으니 나중에 이 쪽에서 전화 드리겠습니다.)

24. <A- 지 않다 → A- 用(く) ない>

한국어문 24-1 일본간장은 그다지 짜지 않고 달콤했다. 그러나 구수한 한국의 된장국 냄새가 훨씬 좋다.

번역 日本の醤油(しょうゆ)はあまり辛(から)くなくて甘(あま)かった。しかし、風味(ふうみ)のよい韓国の味噌汁(みそしる)のにおいの方がずっとよい。

■ 주요용법

❶ 「A- 用(く) ない」 만드는 방법

: 어미「い」를 연용형 「く」로 바꾸어 「ない」를 접속하면 된다. A의 부정형은 「～くない」또는 공손체 「～くありません」(～지 않습니다)이 된다. 예를 들면, 「あかい」의 부정은 「あかくない」 또는 「あかくありません」이다.

❷ 「あまり」는 N로는 「나머지」 「여분」이라는 뜻이고, 부사

로는 긍정문에서 「너무」 「지나치게」의 뜻이며, 부정문에서 「그다지」 「별로」의 뜻이다. 회화체로는 「あんまり」로도 사용한다.

⇨ 余(あま)りが多く出たから心配(しんぱい)しない。
(여분이 많이 생겨 걱정하지 않는다.)

⇨ あまり勉強し過(す)ぎて病気(びょうき)になった。
(너무 공부하여 병이 났다.)

⇨ この小説はあまりおもしろくない。
(이 소설은 그다지 재미있지 않다.)

❸ 「(커피, 된장국, 숭늉 등의 냄새나 맛이) 구수하다」는 「風味(ふうみ)がよい」나 「香(こう)ばしい」 「おいしそうだ」로 번역하자.

⇨ 私はみそしるのように風味のよい料理が好きです。
(나는 된장국같이 구수한 요리를 좋아합니다.)

⇨ コーヒーの豆(まめ)をいる香(こう)ばしいにおい。
(커피콩을 볶는 구수한 냄새.)

⇨ 食後(しょくご)の韓国のスンリュン(おこげゆ)は香ばしくておいしそうだ。
(식후 한국의 숭늉은 냄새가 좋고 구수하다.)

한국어문 24-2 다음의 한국어문을 일본어로 고친 것 중에서, 올바르지 않은 것을 선택하고 그것을 올바르게 고쳐 쓰시오.

번역 次(つぎ)の韓国語文を日本語に直(なお)したものの中で、正(ただ)し**くない**ものを選(えら)んでそれを正しく書き直しなさい。

■ 주요용법

「올바르지 않다」는, 「正しくない」로 번역한다.

⇨ 以下(いか)の文(ぶん)で正しくないものはどれか。
(이하의 문장에서 올바르지 않은 것은 어느 것인가?)

한국어문 24-3 컴퓨터 점으로 그 여자와의 궁합을 보았는데, 그다지 바람직스럽지 않은 결과가 나왔다.

번역 コンピューター占(うらな)いで彼女との相性(あいしょう)を見てもらったが、あまり望(のぞ)ましくない結果(けっか)が出た。

■ 주요용법

❶ 「바람직스럽지 않다」는, 「望(のぞ)ましくない」로 한다.

⇨ 掲示板(けいじばん)にのぞましくないものについては、削除(さくじょ)させていただきます。
(게시판에 바람직하지 않은 것에 더해서는, 삭제하겠습니다.)

❷ 「궁합을 보다」는, 「相性(あいしょう)を見る」라는 표현이 있다.

⇨ 彼との相性を見てもらったが、すごくよかった。
(그와의 궁합을 보았는데 대단히 좋았다.)

25. <A- 지도 (않고) A- 지도 않다.
→ A- くも(なく) A- くもない>

한국어문 25-1 이번 여행 때에는 짐이 많아 보이지만 무겁<u>지도</u> 가볍<u>지도 않</u>아 딱 좋습니다.

번역 今度(こんど)の旅行(りょこう)では、荷物(にもつ)が多いように見えるけれども、重(おも)<u>くも</u>軽(かる)<u>くもな</u>く、ちょうどいいです。

■ 주요용법

❶ 「～지도～지도 않다」는 「～くも～くもない」로 표현하자.

❷ 「딱」이라는 부사는, 일본어에는 「ちょうど」「ぴったり」등이 있다. 여기서는 「ちょうど」쪽이 자연스럽다.

⇨ 月の暗い部分は、<u>ちょうど</u>うさぎがもちをついているように見えます。
(달의 어두운 부분은, 딱 토끼가 떡방아를 찧고 있는 듯이 보입니다.)

⇨ どうだい、ぼくの予想(よそう)が、<u>ぴったり</u>合(あ)ったろう。
(어때, 내 예상이 딱 맞잖아.)

한국어문 25-2 그 여성 사회자는 잘 생기**지도 않고** 키도 크**지 않**지만, 유머가 있어서 인기가 높다.

번역 その女性司会者(しかいしゃ)は見た目がよ**くもな**く背(せい)も高**くもない**が、ユーモアがあるので人気(にんき)が高(たか)い。

■ 주요용법

① 「잘 생기지도 않고 키도 크지 않다」는 앞과 마찬가지로 「～くも～くもない」형을 사용하자.

② 「잘 생기다」「곱다」는, 「見た目がよい」「見た目が麗(うるわ)しい」나 「ハンサムだ」로 사용하자. 또한 「見目(みめ)よい」「見目麗(みめうるわ)しい」라는 말도 있다. 「見目(みめ)」는, 「겉모양」「외관」이라는 뜻이기 때문에 내면적인 아름다움에 대한 상대적임을 나타낸다. 고풍스러운 문장체라 볼 수 있고 주로 여성을 대상으로 하여 말할 때 사용한다. 오히려 「見た目がよい」나 「見た目が麗しい」쪽이 현대적인 표현이라 할 수 있다.

⇨ その話題のタレントは、見た目がよく気立(きだ)てもよい娘(むすめ)である。
(그 화제의 탤런트는, 잘 생기고 마음씨 고운 아가씨이다.)

⇨ そのおくさんは、見目麗しい情(なさ)けのある女性である。
(그 부인은 얼굴도 잘 생기고 인정있는 여성이다.)

⇨ 慎吾君(しんごくん)は背(せい)も高くてハンサムだ。
(신고군은 키도 크고 잘생겼다.)

한국어문 25-3 춥지도 덥지도 않아 딱 좋은 날씨이니까 자전거로 한번 멀리 나가자.

번역 寒くも暑くもなくちょうどいい天気(てんき)だから、ひとつ自転車(じてんしゃ)で遠出(とおで)してみよう。

■ 주요용법

❶ 「춥지도 덥지도 않다」는, 앞과 마찬가지로 「～くも～くもない」의 문형을 사용한다.

❷ 「멀리 나가다」는, 「遠(とお)くへ出かける」이외 「遠出(とおで)する」 「遠出をする」라는 좋은 표현도 있다.

⇨ 先週の日曜日は、久(ひさ)しぶりに家族と車で遠出をしました。
(지난 주 일요일에는 오랜만에 가족과 함께 자동차로 멀리 나갔습니다.)

26. <A- 지 않았다 → A- 用(く) なかった>

한국어문 26-1 금년 여름에는 비가 많이 와서 덥지 않았다.

번역 今年の夏は雨がたくさん降(ふ)ったので暑(あつ)くなかった。

▚ 주요용법

A의 부정과거형은 「〜くなかった」이다. 예를 들면, 「おいしい」의 부정과거형은 「おいしくなかった」이고 「はやい」는 「はやくなかった」이다.

⇨ 最近(さいきん)元気がないけれど、察(さっ)するところ、試験の結果がよくなかったのでしょう。
(요즘 기운이 없어 보이는데, 추측하건대 시험결과가 안 좋았던 것 같아요.)

한국어문 26-2 이번 시험은 처음에 생각했던 것보다 그다지 어렵지 않았다.

번역 今度の試験(しけん)は初(はじ)めに思(おも)っていたのよりあまり難(むずか)し**くなかった**。

▚ 주요용법

앞과 마찬가지로 「어렵지 않았다」는, 부정과거형이다. 「むずかしくない」를 「むずかしくなかった」로 바꾸면 된다.

⇨ 友達のうれしそうな顔を見たら、 あげた万年筆が少しも惜(お)しくなかった。
(친구의 기뻐하는 얼굴은 보니까, 나가 준 만년필이 조금도 아깝지 않았다.)

27. <A-어 지다, 게 되다, 게 하다 → A-用(く) なる, する>

한국어문 27-1 그 이야기를 듣고서야 쓸쓸했던 내 마음은 비로소 밝아**졌**다.

번역 その話を聞いてから寂(さび)しかった私の心(こころ)が初(はじ)めて明(あか)る<u>くなっ</u>た。

주요용법

1 <u>「A- 用(く) なる, する」 만드는 방법</u>

: A에는「なる」「する」동사가 잘 접속된다. 형용사어미「い」는 연용형인「く」로 바꾸어 사용한다.

⇨ さむい　→ さむ<u>くなる</u> (추워지다)
　つめたい　→ つめた<u>くする</u> (차게 하다)

2 「비로서」는,「初(はじ)めて」로 옮기자. (〈오용-70〉을 참조 바람)

⇨ 困難(こんなん)にぶつかって、<u>初めて</u>人生の意義(いぎ)を考えるようになった。
(어려움을 겪고서야 비로소 인생의 의의를 생각하게 되었다.)

한국어문 27-2 인간은 실패를 거듭하면서 점점 현명**해져** 가는 법입니다.

번역 人間は、失敗(しっぱい)を繰(く)り返(かえ)しながら、しだいに賢(かしこ)<u>くなっ</u>ていくものです。

■ 주요용법

❶ 「현명해지다」는, A「賢(かしこ)い」를 「賢くなる」로 표현하면 된다.

❷ 「거듭하다」는, 「繰(く)り返(かえ)す」로 번역하자. 「反復(はんぷく)する」로 번역하면 뉘앙스가 조금 다르다. 「反復する」는 반드시 주체의 의지에 의해서 행해지는 것이므로 마이너스적인 의미 즉, 실패・이혼・도산 등에는 적합하지 않다. 그것에 비해, 「繰り返す」는, 주체의 의지와 관계없이 사용되기 때문에 어떤 경우에 사용해도 괜찮다. 여기서는 「繰り返す」가 적합한 표현이다.

⇨ 歴史(れきし)は繰り返す (○) -- 歴史は反復する (×)
失敗(しっぱい)を繰り返す(○) -- 失敗を反復する (×)
倒産(とうさん)を繰り返す(○) -- 倒産を反復する (×)
テープを繰り返す (○) -- テープを反復する (○)
訓練を繰り返す (×) -- 訓練を反復する (○)

한국어문 27-3 온도가 30도 이상 올라갔으니, 에어컨으로 온도를 낮게 해야 손님이 찾아올 것이다.

번역 気温(きおん)が30度以上(さんじゅうどいじょう)に上(あが)ったから、エアコンで気温を低(ひく)くしなくてはお客さんが来るまい。

■ 주요용법

❶ 「낮게 하다」는, 「低(ひく)くする」로 하면 된다.

❷ 「～해야 ～ㄹ 것이다」는, 「～しなくては～まい」의 문형으로 번역하자.

❸ 「에어컨」은, 「エアコン」 또는 「クーラー」로 표현하자.

⇨ エアコン、大型(おおがた)テレビなど、値(ね)のはる耐久消費財(たいきゅうしょうひざい)を買わない。〔東京新, 92. 9. 2. 朝〕
(에어컨, 대형 TV 등, 값이 나가는 내구 소비재를 사지 않는다.)

⇨ クーラーがきいた機内(きない)で飲むスープは美味(おい)しかった。〔東京新, 97. 3. 23, 朝〕
(냉방이 잘된 기내에서 먹는 스프는 맛있었다.)

한국어문 27-4 홍수에 의한 피해를 적게 하기 위해 둑을 쌓아 마을을 지키려고 했다.

번역 洪水(こうずい)による被害(ひがい)を少(すく)なくするために、堤防(ていぼう)を築(きず)いて、村(むら)を守(まも)ろうとした。

주요용법

❶ 「적게 하다」는 「少(すく)なくする」와 같이 연용형 「く」를 쓴다. A「少ない」라는 단어의 철자에 주의하자.

❷ 「둑을 쌓다」는, 「堤防(ていぼう)を築(きず)く」로 번역하자.

⇨ 村人(むらびと)たちは大水(おおみず)から村を守(まも)るために堤防を築いた。
(마을 사람들은 홍수로 부터 마을을 지키기 위해 둑을 쌓았다.)

한국어문 27-5 매일 아침 줄넘기를 계속한 탓인지 어쩐지 몸이 가벼<u>게 느껴</u>진다.

번역 毎朝なわとびを続(つづ)けたせいか、なんだか体が軽(かる)<u>く感(かん)じ</u>られる。

■ 주요용법

연용형「く」는, 부사형으로 생각하면 되는데 반드시 뒤에 V「なる」「する」가 오는 것은 아니다. 이 번역문의「感じる」와 같이 일반적인 서술V도 많이 올 수 있다.

⇨ その花瓶(かびん)は、どんなに安く<u>踏(ふ)ん</u>でも1万円は下(さ)がらないだろう。
(그 꽃병은, 아무리 싸게 쳐도 만 엔은 넘을 것이다.)

28. <A- 다 → A- 終(い)>

한국어문 28-1 학생시절은 짧<u>기</u> 때문에, 많은 친구를 사귀고 여러 가지를 공부하면서, 멋있는 대학생활을 하고 싶습니다.

번역 学生時代(じだい)は短(みじか)<u>い</u>から、多くの友達(ともだち)と付(つ)き合(あ)って色々(いろいろ)なことを勉強(べんきょう)しながら、すてきな大学生活(だいがくせいかつ)を送(おく)りたいです。

■ 주요용법

❶ A의 종지형은, 기본형과 형태가 같다. 예를 들면, 「海は広い」(바다는 넓다), 「空は青い」(하늘은 파랗다) 등이다. 위의 문제에서 「짧기 때문에」는, 「みじかいから」와 같이 기본형으로 사용된다. 여기서의 접속조사 「から」는 활용어의 종지형에 이어지기 때문이다.

❷ 「~를 사귀다」는, 「~と付(つ)き合(あ)う」로 표현하자.

⇨ 良い友人(ゆうじん)と付き合うことは、その人にとって、大きな財産(ざいさん)となる。
(좋은 친구와 사귀는 것은 그 사람에게 있어서 큰 재산이 된다.)

한국어문 28-2 나는 외동이기 때문에 형제가 많이 있는 친구가 부럽다.

번역 ぼくは、ひとりっ子(こ)なので、兄弟(きょうだい)のたくさんいる友達がうらやまし<u>い</u>。

■ 주요용법

❶ 「부럽다」는, 기본형 「うらやましい」를 쓰면 되는데, 문법적으로 종지형이다.

❷ 「외동」은, 「独(ひと)り子(ご)」「一人(ひとり)っ子(こ)」 또는 「一粒種(ひとつぶだね)」로 사용한다. 「一粒種」는, 「一人っ子」에 비해, 부모에게 있어서 둘도 없는 아이라는 뉘앙스가 보다 강하게 느껴지는 말이다.

⇨ 彼は一人っ子で甘(あま)やかされて育(そだ)った。
(그는 외동이라서 응석부리면서 자랐다.)

⇨ 今度の事故(じこ)で最愛(さいあい)の一粒種を亡(な)くした。
(이번 사고로 가장 사랑하는 독자를 잃었다.)

한국어문 28-3 천진난만하게 잠자고 노는 갓난아이는, 천사와 같이 맑고 귀엽다.

번역 無心(むしん)に眠(ねむ)ったり、遊んだりしている赤ちゃんは、天使(てんし)のように清(きよ)らかでかわいい。

주요용법

❶ 「귀엽다」는, 종지형 「かわいい」로 쓰면 된다.

❷ 「천진난만하다」는, 「無心(むしん)だ」나 「あどけない」로 번역하자.

⇨ 赤ちゃんの無心な仕草(しぐさ)はとてもかわいい。
(갓난아이의 순진한 표정은 너무나 귀엽다.)

⇨ 生意気(なまいき)で憎(にく)らしい弟も、寝顔(ねがお)は赤ちゃんのようにあどけない。
(건방지고 얄미운 동생도, 잠자는 얼굴은 갓난아이같이 천진난만하다.)

29. <A- ㄴ N → A- 体(い) + N>

한국어문 29-1 선생님, 매우 어려운 연극이네요. 파랑새란 어째서 행복을 의미하는가요?

번역 先生、なかなかむずかし**い**芝居(しばい)ですね。どうして青い鳥って幸福(こうふく)を意味(いみ)するんですか。

주요용법

① A의 연체형도, 기본형과 형태가 같다.

⇨ あおい(파랗다) → あおい空 (파란 하늘)
ひろい(넓다) → ひろい海 (넓은 바다)

② 「~란」「~라고 하는 것」은, 「~って」로 하자.

⇨ NATOって、何のことですか。
(나토란 무엇입니까?)

⇨ 都会(とかい)でひとりで暮(く)らす(の)って、大変(たいへん)です。
(도회지에서 혼자 산다고 하는 것은 힘든 일입니다.)

한국어문 29-2 형이 대학에 합격했다는 기쁜 소식을 이제 막 들었습니다.

번역 兄が大学(だいがく)に合格(ごうかく)したという嬉(うれ)し**い**知(し)らせを今聞いたばかりです。

주요용법

❶ 「기쁜」은, 연체형「嬉しい」를 쓰면 된다.

❷ 「합격하다」는, 「合格(ごうかく)する」나 「受(う)かる」 「パスする」를 사용하자. 「受(う)かる」는, 「合格する」의 구어적표현이라 할 수 있다.

⇨ 学科(がっか)には<u>合格し</u>たが実技(じつぎ)で不合格(ふごうかく)になった。
(학과에는 합격했지만 실기에서 불합격했다.)

⇨ 司法試験(しほうしけん)には<u>受か</u>らなかった。
(사법시험에는 합격하지 못했다.)

⇨ 筆記(ひっき)試験は<u>パスし</u>たが、直接(めんせつ)試験は<u>パスし</u>なかった。
(필기시험은 패스했지만, 면접시험은 패스하지 못했다.)

❸ 「막 V- 씨다」와 같이, 어떤 동작이 일어난 지 얼마 되지 않을 때는 「V- たばかりだ」로 쓰자.

⇨ このあいだ買っ<u>たばかりな</u>のに、テレビが壊(こわ)れてしまった。
(요전에 산지 얼마 안 되는데 TV가 고장 나 버렸다.)

한국어문 29-3 파랑색은 춥고 시원<u>한</u> 느낌을 주는 색으로 보는 사람의 마음에 차분함을 준다.

번역 青は、冷(つめ)たく涼(すず)し<u>い</u>感(かん)じのする色で、見る人の心(こころ)に落(お)ち着(つ)きを与(あた)える。

■ 주요용법

❶ 「시원한」은, 연체형 「涼(すず)しい」를 사용한다.

❷ 「차분함」은, V「落(お)ち着(つ)く」의 명사형「落ち着き」를 사용하고 있다.

⇨ 山の手(て)には落ち着きが、下町(したまち)にはあたたかみが感じられます。
(주택가에서는 안정감이, 상가 지대에서는 따뜻함이 느껴집니다.)

⇨ 青年(せいねん)は、紹介(しょうかい)されると、落ち着いた態度(たいど)であいさつした。
(청년은 소개를 받자 차분한 태도로 인사했다.)

한국어문 29-4 런던 경찰은, 어려운 사건이 일어나면 명탐정 홈즈의 집으로 부탁하러 간다.

번역 ロンドン警察(けいさつ)は、難(むずか)し**い**事件(じけん)が起こると、名探偵(めいたんてい)ホームズの所(ところ)に頼(たの)みに行く。

■ 주요용법

「어려운 사건」은, 앞과 마찬가지로 연체형 「難(むずか)しい」를 사용하면 된다.

⇨ 写真の美(うつく)しさにひかれて、高い雑誌なのに定期購読(ていきこうどく)の契約(けいやく)をしてしまった。
(사진의 아름다움에 끌려, 값비싼 잡지인데도 정기구독 계약을 해 버렸다.)

30. <A- 면 → A- 仮(けれ) ば>

한국어문 30-1 내가 장학금을 받은 것이 그렇게 부러우면, 당신도 열심히 노력하세요.

번역 私が奨学金(しょうがくきん)を受(う)けたのがそんなにうらやまし**ければ**、あなたも一生懸命(いっしょうけんめい)に努力(どりょく)しなさい。

주요용법

「A- 仮(けれ) ば」 만드는 방법

: A의 가정형은,「~い」를 「~ければ」로 바꾸면 된다. 이 문제의 「부러우면」은, A「うらやましい」의 가정형은 「うらやましければ」로 한다.

한국어문 30-2 이 세상이 아름답다면, 그것은 바로 당신이 존재하기 때문입니다.

번역 この世(よ)の中が美(うつく)し**ければ**、それは正(まさ)にあなたが存在(そんざい)するためです。

주요용법

「아름답다면」은, A「美(うつく)しい」의 가정형「美しければ」로 바꾸면 된다.

⇨ その人への愛(あい)が強ければ強いほど、いったん憎(にく)いと思(おも)い出(だ)すと、憎しみも強くなるようです。
(그 사람으로의 사랑이 강하면 강할수록, 일단 밉다고 생각하기 시작하면 미움도 크게 되는 것 같아요.)

한국어문 30-3 돈이라 하는 것은, 없으면 곤란하지만 있으면 있는 대로 귀찮은 존재다.

번역 お金というものは、無(な)**ければ**困(こま)るが、あればあったで厄介(やっかい)なものだ。

주요용법

1. 「없으면」은, 「ない」의 가정형「なければ」를 쓴다.

2. 「있으면 있는 대로」는, 「あればあったで」로 번역하자.

⇨ お金はあればあったでむだに使ってしまうものだ。
(돈은 있으면 있는 대로 헛되이 써버린다.)

3. 「귀찮다」는, 「厄介(やっかい)だ」나「面倒(めんどう)だ」로 바꾸자.

⇨ 父の店へ行くには、電車を二回も乗り換(か)えなければならないので厄介だ。
(아버지 가게에 가려면, 전철을 두 번이나 바꿔 타야 하기에 귀찮다.)

⇨ 疲(つか)れて面倒だから、今夜はおすしでも取(と)って食べましょう。
(피곤하고 귀찮으니까, 오늘밤은 초밥이라도 시켜 먹어요.)

4

형용동사(Av)

31. <A- ㄹ 것이다 → Av- 未(だろ) う>

한국어문 31-1 이와 같은 실험은, 인류의 성명공학 연구에 있어서 대단히 중요<u>할 것이다</u>.

번역 このような実験(じっけん)は、人類(じんるい)の生命工学(せいめいこうがく)の研究(けんきゅう)にとって大変(たいへん)重要(じゅうよう)<u>だろう</u>。

주요용법

① 일본어의 형용동사(Av)는 일명「な형용사」「명사형용사」등으로 부른다. 대응하는 한국어의 품사로는 일반적으로 형용사를 생각하면 된다. 일본어에 있어서 Av와 A는 그 의미가 대충 같다. 그러나 Av의 형태는「~だ」의 형을 기본형으로

하고 있으며 또한 다양한 활용형을 보여주고 있다.10)

❷ 이 문제에서는 추측을 나타내는 「う」가, 미연형 「だろ」에 접속되어 있다.

❸ 이 품사는 고유系・한자系・1字한자어系・외래어系로 분류하여 공부하면 편리하다. 특히 고유계에 「～かだ」「～らかだ」「～やかだ」등의 형이 많이 보이고 있으므로 주의하자.

⇨ 고유系 : 静(しず)かだ　豊(ゆた)かだ　朗(ほが)らかだ
　明(あき)らかだ　賑(にぎ)やかだ　健(すこ)やかだ

⇨ 한자系 : 健康(けんこう)だ　社会的(しゃかいてき)だ

⇨ 1字한자어系 : 急(きゅう)だ　変(へん)だ　楽(らく)だ
　妙(みょう)だ

⇨ 외래어系 : スマートだ　デリケートだ　ユニークだ　ハンサムだ

❹ 「Av」와 「N+だ」의 구별방법

---

10) 「형용동사(Av)」의 활용은 다음과 같이 요약된다.

未	用			終	きれい	体	仮	命
だろう	だった	である / ない	になる・する	だ。	だ ↓ 깨끗하다	な + N	なら(ば)	×

⇨ **きれいだ (깨끗하다)**

きれいだろう (깨끗할 것이다)　きれいだった (깨끗했다)
きれいである (깨끗하다)　きれいでない (깨끗하지 않다)
きれいになる (깨끗해진다)　きれいにする (깨끗하게 하다)
きれいなとき (깨끗할 때)　きれいなら(ば)(깨끗하다면)

: Av의 어간은 경우에 따라 N로도 사용 가능하다. 그렇지만 N에 전부 「~だ」를 붙여 사용할 수는 없다. 그것은 의미가 사물의 상태와 성질을 나타내기 때문이다. 간단히 구별하는 방법으로, 앞자리에 「부사」를 붙여 문맥이 자연스럽다고 생각되면 Av가 될 수 있고, 그렇지 않으면 단순히 「N+だ」 에 지나지 않은 것으로 보면 된다.

⇨ 私は とても 幸福(こうふく)だ。
(나는 매우 행복하다.) (○ → Av)
⇨ ここは とても ウルサンだ。
(여기는 매우 울산이다.) (× → N+だ)

32. <A- ㅆ다 → Av- 用(だっ) た>

한국어문 32-1 아침 6시 일출 광경을 보면, 떠오르는 태양은 새빨갛고 잠잠한 바다는 새파랬다.

번역 朝六時、日の出(で)の光景(こうけい)を見ると、昇(のぼ)る太陽(たいよう)は真(ま)っ赤(か)で、静(しず)かな海(うみ)は真(ま)っ青(さお)だった。

■ 주요용법

❶ 「새파랬다」는, Av「真(ま)っ青(さお)だ」의 과거형「真っ青だった」가 된다. 연용형「だっ」을 사용하고 있다.

❷ 「일출」「해돋이」는, 「日(ひ)の出(で)」나 「御来光(ごらいこう)」로 번역한다. 「日の出」는, 해가 동쪽에서 솟아오르는 것을 말하는데, 「御来光」는 특히 높은 산에서 맞이하는 장엄한 해돋이 장관을 말한다.

⇨ 今日の<u>日の出</u>は午前四時五分でした。
(오늘의 일출은 오전 4시 5분이었습니다.)

⇨ 富士山頂(フジサンちょう)で<u>御来光</u>を拝(おが)んだ。
(후지산 정상에서 해돋이를 맞이했다.)

❸ 「잠잠하다」는, 「静(しず)かだ」「収(おさ)まる」등을 사용하자.

⇨ 一夜(いちや)明けると、海は<u>静かで</u>、昨夜(さくや)のあらしがうそのようだった。
(날이 밝자, 바다는 잠잠하고 지난밤의 폭풍이 거짓말 같았다.)

⇨ 夜になっても、あらしはいっこうに<u>収まる</u>気配(けはい)がなかった。
(밤이 되어도 폭풍은 조금도 잠잠해질 기미가 없었다.)

한국어문 32-2 **하룻밤이 밝자 바람이 잠잠해지고 구름도 없고 바다는 평온<u>했다</u>.**

번역 一夜(いちや)が明(あ)けると風がおさまり、雲もなく、海は穏(おだ)やか<u>***だった***</u>。

■ 주요용법

❶ 「평온했다」는, Av 「穏(おだ)やかだ」의 과거형 「穏やかだっ

た」를 쓰면 된다.

❷ 「하룻밤」은, 「一夜(いちや, ひとよ)」로 번역하자.

⇨ 湖畔(こはん)にテントを張(は)って、夏の一夜を過(す)ごした。
(호반에 텐트를 치고, 여름의 하룻밤을 보냈다.)

한국어문 32-3 「이 목장의 비프는 사람이 아니고 자연이 키우는 거야」라는 말이 매우 인상적**이었다**. 〔Mosburger 광고〕

번역 「この牧場(ぼくじょう)のビーフは人じゃなくて自然(しぜん)が育(そだ)てるんだ」という言葉がとても印象的(いんしょうてき)***だった***

■ 주요용법

❶ 「인상적이었다」는, Av「印象的(いんしょうてき)だ」의 과거형「印象的だった」이다.

❷ 「키우다」는, 「育(そだ)てる」(他v)를 사용하면 된다. 自v「育(そだ)つ」도 있음에 주의하자.

⇨ この子は母乳(ぼにゅう)で育ったから丈夫(じょうぶ)なんです。
(이 아이는 모유로 자랐기 때문에 튼튼합니다.)

⇨ カンガルーは、自分のおなかにある大きな袋(ふくろ)の中で子供を育てます。
(캥거루는 자기의 배에 있는 큰 주머니 속에서 새끼를 키웁니다.)

33. <A- 고, 서 → Av- 用(で),>

한국어문 33-1 어제는 바람도 불지 않고 따뜻한 날씨였으나, 오늘은 눈보라치는 한겨울의 전형적인 날씨입니다.

번역 昨日は風もなく穏(おだ)やかで暖(あたた)かい天気でしたが、今日は吹雪(ふぶ)く真冬(まふゆ)の典型的(てんけいてき)な空模様(そらもよう)です。

주요용법

❶ Av의 연용형에는,「で」「だっ」「に」가 있는데 여기서는「である」의 中止形「で」를 사용하고 있다.

❷「눈보라치다」는,「吹雪(ふぶ)く」를 사용하자. 자주 N형「吹雪(ふぶき)」로 사용된다.

⇨ 登山隊(とざんたい)はベースキャンプで、吹雪が収(おさ)まるのをじっと待った。
(등산대는 베이스캠프에서 눈보라가 잠잠해지기를 꾹 참고 기다렸다.)

❸「날씨」는,「天気(てんき)」나「空模様(そらもよう)」로 번역한다. 그러나「今日は天気だ」(오늘은 좋은 날씨다)「お天気が続く」(좋은 날씨가 계속되다)와 같이「맑고 좋은 날씨」의 뜻으로 사용하는 경우도 있다.「空模様(そらもよう)」라는 어휘는,「一波瀾(ひとはらん)ありそうな空模様だ」(한바탕 내릴 것 같은 날씨)와 같이 일반적으로 날씨가 좋지 않을 경우에 사용한다.

⇨ 汽車が京都に近(ちか)づくにつれて、だんだん空模様が怪(あや)しくなってきた。
(기차가 교토에 가까이 옴에 따라 점점 날씨가 이상해졌다.)

한국어문 33-2 저 사람이 말하는 것은 엉터리라서 믿을 수 없습니다. 사람은 진실해야 합니다.

번역 あの人のいうことはでたらめで信(しん)じられません。人は誠実(せいじつ)でなければなりません。

■ 주요용법

❶ 「엉터리라서」는, 「엉터리다」를 원인・이유로 표시한 것이다. Av「でたらめだ」의 연용형「でたらめで」로 번역한다.

❷ 「엉터리다」는, 「でたらめだ」나 「いい加減(かげん)だ」「無責任(むせきにん)だ」로 옮길 수 있다.

⇨ ○×式(しき)のテストは、でたらめにやってもいくつかは当(あ)たる。
(○×식 테스트는 엉터리로 해도 몇 개는 맞는다.)

⇨ あの男はいい加減なうそを平気(へいき)でつく人だから、気をつけなさい。
(저 남자는 엉터리 같은 거짓말을 예사로 하는 사람이니까 조심하세요.)

⇨ 森さんは無責任なことは言わない。
(모리씨는 무책임한 이야기는 하지 않는다.)

❸ 우리말의 「진실하다」는 말은, 「거짓말을 하지 않아 믿을 수 있다」 「참되다」는 뜻이다. 일본어에서는 Av「誠実(せいじつ)だ」로 번역하자. N「真実(しんじつ)」「誠(まこと)」「本当(ほんとう)」를 사용하여 번역할 수도 있다. 이 말들은 Av가 아니므로 N에 이어질 때에는 「な」가 아니라 「の」가 됨을 주의해야 된다.

⇨ アンネの書いた日記(にっき)を読むと、彼女の偽(いつわ)りのない、真実の心がよくわかる。(真実な心 -- ×)
(안네가 쓴 일기를 읽으면, 그녀의 거짓 없고 진실된 마음을 잘 알 수 있다.)

⇨ うそやいつわりのない、あなたの誠の心が知りたい。
(誠な心 -- ×)
(거짓말이나 거짓 없는 당신의 진정한 마음을 알고 싶다.)

⇨ 遊び友達はいっぱいいても、本当の友達というのは少ないものです。 (本当な友達 -- ×)
(노는 친구는 많이 있지만, 진정한 친구는 적은 법입니다.)

한국어문 33-3 가난한 생활을 하고 있지만, 가족 모두 건강해서 무엇보다 다행입니다.

번역 貧(まず)しい暮(く)らしですが、家族全員(ぜんいん)、丈夫(じょうぶ)で何よりです。

■ 주요용법

❶ 「건강해서」는, Av「丈夫(じょうぶ)だ」의 연용형 「丈夫で」로 하

여 표현한다.

❷ 「丈夫だ」는, 「大丈夫(だいじょうぶ)だ」와 다른 의미이므로 주의하자. 소위 말하는 「사내대장부」의 뜻으로 사용될 때는 한문투의 말인 「大丈夫(だいじょうふ)」를 쓰는데 현대일본어에서는 거의 사용되지 않는다. 그러나 Av「大丈夫(だいじょうぶ)だ」로 하여 「괜찮다」 「걱정 없다」의 뜻으로 자주 사용한다.

⇨ 祖母(そぼ)は今年で83歳になりますが、病気もせず<u>丈夫に</u>暮(く)らしております。
(할머니는 금년으로 83세가 됩니다만 몸도 아프지 않고 건강하게 살아가고 계십니다.)

⇨ この建物ならどんな大地震(だいじしん)が起こっても<u>大丈夫です</u>。
(이 건물이라면 어떤 큰 지진이 일어나더라도 괜찮습니다.)

34. <A- 지 않다 → Av- 用(で) にない>

한국어문 34-1 이 옷은 나에게는 결코 화려하<u>지 않</u>으며, 오히려 지나치게 수수하다.

번역 この服(ふく)は私にとっては決して派手(はで)<u>**ではなく**</u>、むしろ地味(じみ)すぎるぐらいだ。

■ 주요용법

❶ 「화려하지 않다」는, Av「派手(はで)だ」의 부정형「派手で(は)ない」를 쓰면 된다. 연용형「で」가 쓰이고 있다. Av의 부정형은, 미연형에서 취급하는 V와 달리, 연용형「で」에서 일어남을 주의하자.

❷ 「화려하다」는, Av「派手(はで)だ」 또는「華(はな)やかだ」「きらびやかだ」로 번역하자.

⇨ 彼女の<u>派手な</u>装(よそお)いは、パーティーの客の中でもひときわ人目(ひとめ)を引いた。
(그녀의 화려한 옷차림은, 파티의 손님 중에서도 유달리 다른 사람의 눈을 끌었다.)

⇨ 毎年卒業パーティーの時は、<u>華やかに</u>着飾(きかざ)った女子学生たちでホールは埋(う)めつくされてしまいます。
(매년 졸업파티 때에는, 화려하게 치장한 여학생들로 홀은 붐빕니다.)

⇨ <u>きらびやかな</u>衣装(いしょう)をまとった出演者(しゅつえんしゃ)が総出(そうで)で、フィナーレを飾(かざ)った。
(화려한 의상을 걸친 출연자가 전부 나와 피날레를 장식했다.)

❸ 「(성격이나 옷 등이) 수수하다」는, Av「地味(じみ)だ」로 쓴다.

⇨ 兄に比べて弟は、人前(ひとまえ)にあまり出たがらない、<u>地味な</u>性格の持(も)ち主(ぬし)です。
(형에 비해 동생은, 남들 앞에 그다지 나서고 싶어 하지 않는 수수한 성격의 소유자입니다.)

⇨ あなたには明るい色の着物よりも、むしろ<u>地味な</u>色のほうが似合(にあ)うかもしれませんね。
(당신에게는 밝은 색의 옷보다도 오히려 수수한 색쪽이 어울릴지 몰라요.)

한국어문 34-2 나의 아파트는 학교에서 매우 가깝지만 도로변이라서 그다지 조용하**지 않다**.

번역 私のアパートは学校からかなり近いが、道路(どうろ)沿(ぞ)いにあってあまり静(しず)か**ではない**。

주요용법

1. 「조용하지 않다」는, 앞과 마찬가지로 Av「静(しず)かだ」를 부정하면 된다.

2. 「○○변」은, 「○○沿(ぞ)い」로 번역하자. 「도로변」은, 「道路沿(ぞ)い」라고 번역하자.

⇨ 線路(せんろ)沿いの家(いえ)。(철도변의 집)
⇨ 川沿いの散歩道(さんぽどう)。(강변의 산책길)
⇨ 土手(どて)沿い。(뚝방가)

35. <A- 어(해) 지다, 하게 되다, 히(하게) 하다 → Av- 用(に) なる, する>

한국어문 35-1 사람은 돈이 모이면, 점점 인색**해 진다**고들 합니다.

번역 人はお金が溜(た)まると、だんだんけち**になる**と言われています。

■ 주요용법

❶ Av의 연용형「に」는, 술어V「なる」「する」가 많이 나타난다. 여기서「인색해진다」는,「けちになる」로 번역한다.

❷「인색하다」는,「けちだ」로 표현한다.

⇨ あの<u>けちな</u>おじさんがおこづかいをくれるなんて、とても信じられません。
(저 인색한 아저씨가 용돈을 주다니, 도저히 믿을 수가 없습니다.)

한국어문 35-2 그는 이제 얼마 있지 않아 건강<u>해져서</u> 퇴원을 하겠지요.

번역 彼はもうすぐ元気(げんき)<u>**になっ**</u>て退院(たいいん)するでしょう。

■ 주요용법

「건강해지다」는「元気(げんき)になる」로 연용형「に」에 유의하자.

⇨ 都市化(としか)は交通網(こうつうもう)の整備(せいび)など便利(べんり)<u>になる</u>反面(はんめん)で、環境汚染(かんきょうおせん)などの弊害(へいがい)をもたらします。
(도시화는 교통망의 정비 등 편리해 지는 반면, 환경오염 등의 폐해를 가져옵니다.)

한국어문 35-3 이 책꽂이의 책은 엉망**으로 되어** 있어 올바르게 배열해 두지 않으면 안 된다. 사용자는 청구번호순으로 제자리에 꽂아 두도록 주의해야 할 것이다.

번역 この棚(たな)の本は、でたらめ**になっ**ているから正(ただ)しく並(なら)べておかなければならない。使用者(しようしゃ)は請求番号(せいきゅうばんごう)の順(じゅん)に元(もと)の位置(いち)に戻(もど)すように気を付けなければなるまい。

■ 주요용법

① 「엉망으로 되다」는, 「でたらめになる」로 번역하자. 앞과 마찬가지로 연용형 「に」의 쓰임을 보여주고 있다.

② 「(제자리에) 꽂아두다」는, 「원래의 자리로 되돌려 놓는다」는 의미이므로 「戻(もど)す」나 「返(かえ)す」로 번역한다. 「さす」로 쓰게 되면 한국어식 표현이 되기 쉽다.

⇨ せっかく釣(つ)った魚だったけど、手のひらより小さいので海に戻すことにした。
(모처럼 잡아 올린 고기였지만 손바닥보다 작기 때문에 바다로 보내기로 했다.)

⇨ だまって持(も)ち出(だ)した兄の本を、そっと元(もと)の場所(ばしょ)に返しておいた。
(몰래 들고 나온 형의 책을, 원래 장소에 살짝 꽂아 두었다.)

③ 그리고 「なるまい」는 「ならないだろう」로 대체할 수 있다.

한국어문 35-4 자기 자신의 생각을 서술할 때는 근거를 명확하<u>게 하</u>고 정확한 말을 사용하는 것이 중요하다.

번역 自分の考えを述(の)べるときは、根拠(こんきょ)を明(あき)らか<u>にし</u>、的確(てきかく)な言葉を用いることが大切(たいせつ)だ。

■ 주요용법

「명확하게 하다」는 Av「明(あき)らかだ」의 연용형 「に」가 사용되고 있는데 「なる」이외 「する」V도 많이 접속된다.

⇨ いっそ事件をおおっぴら<u>にし</u>てしまった方(ほう)が、皆(みんな)の協力(きょうりょく)も得(え)られていいのではないだろうか。
(차라리 사건을 공개해 버리는 쪽이 모두의 협력도 얻을 수 있어서 좋지 않을까?)

한국어문 35-5 5월 5일 '어린이날', 어린이들은 큰 소리로 명랑<u>하게</u> 웃었습니다.

번역 五月(ごがつ)五日(いつか)の '子供の日'、子供たちは大きな声で朗(ほが)らか<u>に</u>笑いました。

■ 주요용법

「명랑하게 웃다」는, 연용형「に」를 사용한다. 즉 「朗(ほが)らかに笑う」로 번역하는데 「に」에 접속하는 V는, 「

なる」「する」이외의 일반V도 자주 보인다.

한국어문 35-6 지금이나 옛날이나 아이들에게 있어서 좋은 놀이 상대가 되는 것은, 개나 고양이 등 주변 가까이 있는 동물들이다.

번역 今も昔(むかし)も、子供たちにとってよい遊び相手(あいて)なのは、犬や猫(ねこ)など身近(みぢか)にいる動物(どうぶつ)たちだ。

■ 주요용법

「(주변) 가깝게 있다」는, 「身近(みぢか)にいる」와 같이 Av의 연용형 「身近に」를 사용한다. 앞과 마찬가지로 일반V가 접속하고 있다.

36. <A- 다 → Av- 終(だ)>

한국어문 36-1 옛날 어느 곳에 「내는 것이라고는 혀를 내는 것조차 싫어한다」고 할 정도로 굉장히 인색한 할아버지가 있었습니다.

번역 昔(むかし)ある所(ところ)に「出(だ)すものは舌(した)を出すものさえいやだ」というほど非常(ひじょう)にけちなお祖父(じい)さんがありました。

■ 주요용법

❶ 「싫어한다」는, Av의 종지형 「いやだ」를 사용한다. 종지형은 기본형과 같다.

❷ 「어느」는, 일본어로 연체사 「ある」를 사용하면 된다. 의미는 「어느, 어떤, 모(某)」등으로 해석된다.

⇨ 彼のお父さんは<u>ある</u>銀行の専務(せんむ)です。
(그의 아버지는 모 은행의 전무입니다.)

한국어문 36-2 왜 일본에서는 생선이 이렇게 다른 식품보다 비싼지 이상하다.

번역 なぜ日本では魚がこんなに外(ほか)の食品(しょくひん)より高いのか不思議(ふしぎ)<u>だ</u>。

■ 주요용법

❶ 「이상하다」는, Av「不思議(ふしぎ)だ」의 종지형 즉 기본형 그대로 쓰면 된다.

❷ 「이상하다」는, 「不思議だ」나 「おかしい」로 번역한다. 「不思議だ」는 보통과는 달리 상식이나 이성으로는 설명하기 어려울 정도로 이상하다는 말이다. 명사로 「불가사의(mystery)」의 의미로도 사용된다. 또한 「おかしい」는 「재미있다(おもしろい)」 「우스꽝스럽다(こっけいだ)」의 의미도 있지만, 「変(へん)だ」 「怪(あや)しい」의 의미로도 최근 사용되고 있다.

⇨ 彼女がいなくなったことに、だれも気がつかなかったのは本当に<u>不思議だ</u>。

(그 여자가 없어진 것을, 누구도 알아차리지 못한 것은 정말로 이상하다.)

⇨ 世界の七の<u>不思議</u>。

(세계의 7대 불가사의)

⇨ 君のそのだぶだぶのズボンをはいた格好(かっこう)は<u>おかしい</u>。

(너의 그 헐렁헐렁한 바지를 입은 고습은 우스꽝스럽다.)

⇨「ぼくは決して信じます」では、ことばの使い方が<u>おかしい</u>ですね。

(「나는 결코 믿습니다」에서는, 표현이 이상하네요.)

⇨ 最近彼女は様子(ようす)が<u>おかしい</u>です。

(최근 그 여자 이상해요.)

한국어문 36-3 「지난 주 비가 많이 왔는데, 이 물을 마셔도 괜찮<u>습니</u>까?」「끓여 마시는 것이 위생적<u>입니다</u>.」

번역 「先週(せんしゅう)雨がたくさん降(ふ)ったんですが、この水を飲んでも大丈夫(だいじょうぶ)<u>です</u>か。」「沸(わ)かして飲む方(ほう)が衛生的(えいせいてき)<u>です</u>。」

■ 주요용법

「괜찮습니다」「위생적입니다」는, 「괜찮다」「위생적이다」의 공손체이므로 활용형으로 볼 수 없으며 단지 문체의 차이일 뿐이다. Av「大丈夫(だいじょうぶ)だ」「衛生的(えいせいて

き)だ」의 공손체「大丈夫です」「衛生的です」로 표현하자.

37. <A- ㄴ N → Av- 体(な) + N>

한국어문 37-1 우리 집 아이는 시끄러운 음악만 좋아해서 같이 있으면 머리가 아파요. 저는 존덴버의 음악처럼 감미로운 팝송을 좋아해요.

번역 うちの子(こ)は賑(にぎ)やか**な**音楽(おんがく)ばかり好きでいっしょにいると頭がいたいですよ。私はジョンデンバーの音楽のように、甘(あま)い感じがするポップソングが好きですね。

■ 주요용법

❶ Av의 연체형(体)은,「だ」어미가「な」로 변화한다. 즉「시끄러운 음악」은,「賑やかな音楽」로 번역하면 된다.

❷「시끄럽다」는,「賑(にぎ)やかだ」 또는「うるさい」「騒(さわ)がしい」로 번역한다.

⇨ 静かな車内(しゃない)に、女学生(じょがくせい)たちのにぎやかな声がわきあがった。
(조용한 차내에 여학생들의 시끄러운 소리가 터져 나왔다.)

⇨ 機械(きかい)の音がうるさくて、話が聞こえない。
(기계 소리가 시끄러워서 이야기가 들리지 않는다.)

⇨ 飛行機事故(じこ)が起ったり、爆弾(ばくだん)が爆発(ばくはつ)したり、相変(あいか)わらず騒がしい世(よ)の中だ。
(비행기 사고가 일어나거나 폭탄이 폭발하기도 하여 늘 시끄러운 세상이다.)

❸ 「감미롭다」는, 「甘(あま)い感(かん)じがする」나 「甘美(かんび)だ」로 옮기자. 「甘美だ」는, 음식의 맛에 대해서 사용하는 것이 보통인데, 「감미로운 음악」이나 「감미로운 말」에 대해서도 사용한다.

⇨ 雪子さんは、彼の甘い感じがする言葉(ことば)に誘惑(ゆうわく)された。
(유키코는, 그 남자의 감미로운 말에 유혹 당했다.)

⇨ ショパンのピアノ曲(きょく)を聴(き)きながら、その甘美な旋律(せんりつ)に酔(よ)いしれた。
(쇼팽의 피아노곡을 들으면서 그 감미로운 선율에 도취했다.)

한국어문 37-2 어제 야마다씨가 저의 집에 모처럼 왔는데, 제가 집에 없어서 미안하게 되었습니다.

번역 昨日山田さんが私の家にせっかく来てくれたのに、私が留守(るす)で気(き)の毒(どく)なことをしました。

주요용법

「미안하게 되다」는, 「미안한 일을 하다」로 생각하자. Av「気(き)の毒(どく)だ」의 연체형 「気の毒な」를 사용하여 「気の毒なことをする」로 번역하자.

⇨ 「雨の中をお使(つか)いに行ってもらって、気の毒なことをしたね。」と、祖母(そぼ)は私をねぎらってくれた。
(「비 오는데 심부름 시켜서 미안해.」라고 할머니는 나를 위로해 주었다.)

한국어문 37-3 그는 아직 결혼을 하지 않았기 때문에, 자기가 좋아하는 일을 하고서 살아가고 있다.

번역 彼はまだ結婚(けっこん)していないから、自分(じぶん)の好き**な**ことをして暮(く)らしている。

주요용법

「좋아하는 일」은, Av「好きだ」의 연체형 「好きな」를 사용하여 「好きなこと」로 하면 된다.

한국어문 37-4 이 개는 주인의 말이면 무엇이라도 할 뿐 아니라, 게다가 심지어는 도둑까지 잡은 일이 있는 기특한 개입니다.

번역 この犬は主人(しゅじん)の言うことなら何でもやるばかりでなく、その上ひいては泥棒(どろぼう)さえ捕(つか)まえたことがある感心(かんしん)**な**犬です。

주요용법

❶ 「기특한 개」는, Av「感心だ」의 연체형을 사용하여 「感心な犬」로 표현한다.

❷ 「게다가」에 해당되는 말은, 「その上(うえ)」「それに」「さらに」「もっと」등의 유의어가 있는데 각각 뉘앙스가 다르다. 그리고 「심지어는」라는 말은, 「ひいては」로 번역한다.

먼저 「その上」는, 똑같은 사실을 첨가해 가는 표현으로, 상황을 덧붙여 상세하게 말할 때 사용한다. 「それに」와 바꾸어 쓸 수 있다. 또한 「さらに」는, 지금의 정도보다 더 심하다는 의미로, 문장어적인 표현에 쓰인다. 이 말은 수량적(数量的)인 말과 함께 사용될 때는 「その上」의 의미가 된다. 이때는 「もっと」로도 바꾸어 쓸 수 있지만, 어디까지나 「もっと」는, 하나하나의 정도가 지금보다 높다는 의미로 구어적인 표현에 잘 사용된다.

이들의 말들과 달리, 「ひいては」는, 앞 문장을 받아 「그것이 원인이 되어」(それが原因となって), 「더욱 나아가」(さらにすすんで)의 의미가 있으므로 앞의 말과 확연히 다르다.

⇨ ごちそうになり、その上おみやげまでいただいた。(= それに, さらに)
(식사도 대접받고 게다가 선물까지 받았다.)

⇨ 日が暮(く)れて、その上悪いことに雨まで降ってきた。(= さらに)
(해가 지고 게다가 설상가상으로 비까지 내렸다.)

⇨ そのアルバイトは楽(らく)だし、それに時間給(きゅう)もいい。
(그 아르바이트는 편하고 게다가 시간 급료도 좋다.)

⇨ 悪口(わるくち)を浴(あ)びせたと思ったら、さらに殴(なぐ)りさえした。

(욕설을 퍼붓더니、게다가 때리기까지 했다.)

⇨ さらに二人のメンバーが入って、団員(だんいん)は全部で18人になった。(= その上, ≠ もっと)

(더욱이 두 사람 멤버가 들어와, 단원은 전부 18명이 됐다.)

⇨ 地下鉄(ちかてつ)が開通(かいつう)すればこのあたりはもっと便利になる。

(지하철이 개통되면 이 부근은 훨씬 편리해 진다.)

⇨ いきすぎた開発(かいはつ)が自然破壊(しぜんはかい)を招(まね)き、ひいては、人間の生活を脅(おびや)かすようになった。

(지나친 개발이 자연 파괴를 초래해, 심지어는 인간의 생활을 위협하게 됐다.)

38. <A- 다면 → Av- 仮(なら) ば, ば생략 可>

한국어문 38-1 그 아파트가 학교에서 가깝고 조용하다면 다음 달에 이사하겠습니다.

번역 そのアパ-トが学校から近くて静(しず)か**なら(ば)**来月に引(ひ)っ越(こ)します。

■ 주요용법

❶ 「조용하다면」은 Av「静(しず)かだ」의 가정형「静かなら(ば)」로 하면 된다.

❷ 「이사하다」는, 「引(ひ)っ越(こ)す」 「引(ひ)っ越(こ)しする」나 「転居(てんきょ)する」로 번역하자. 「引っ越しする」는 일상어임에 비해, 「転居する」는 문장어적인 용어이다.

⇨ 父の転勤(てんきん)で、十年間住(す)んだこの町(まち)を<u>引っ越す</u>ことになりました。
(아버지의 전근으로 10년간 살았던 이 마을을 이사하게 되었습니다.)

⇨ 来月大阪勤務(オオサカきんむ)になって<u>転居する</u>。
(다음 달에 오사카 근무가 되어 ㅇ 사한다.)

한국어문 38-2 **당신이 그림을 잘 그리면, 저기 단풍으로 물들은 가을산을 한번 그려 보세요.**

번역 あなたが絵(え)が上手(じょうず)<u>**なら(ば)**</u>、あそこに見える紅葉(もみじ)で色づいた秋の山を一度(いちど)描(えが)いてみてください。

■ 주요용법

❶ Av의 가정형(仮)은, 「だ」어미가 「なら」로 변하는데 뒤에 조사 「ば」를 접속하지 않아도 된다. 그리고 Av의 명령형은, A와 마찬가지로 의미가 사물의 성질이나 상태를 나타내므로 사용되지 않는다.

⇨ きれいだ (깨끗하다) → きれいなら(ば) (깨끗하다면)

❷ 「단풍」은, 「紅葉」으로 쓰고 「もみじ」나 「こうよう」로 읽는다. 원래 「紅葉(こうよう)」는, 단풍나무(カエデ) 등의 잎이 빨갛게 변한 것을 말하며 「黄葉(こうよう)」는, 은행나무(イチョウ) 등의 잎이 노랗게 변한 것을 말할 때 쓴다. 그냥 구별하지 않고 「紅葉」로 통일하여 쓰는 일이 많다. 「紅葉(もみじ)」는, 「カエデ」의 별칭으로 사용되기도 한다. 「紅葉(もみじ)する」와 같은 말도 있었지만 현재는 그다지 사용되지 않는다.

⇨ 紅葉(こうよう)の季節(きせつ)。
(단풍의 계절.)

⇨ 紅葉(こうよう)した山々。
(빨갛게 물든 산들.)

⇨ 黄葉(こうよう)した銀杏(イチョウ)並(な)み木(き)。
(노랗게 물들은 은행나무 가로수.)

⇨ 紅葉(もみじ)を押(お)し葉(ば)にする。
(단풍을 책갈피로 하다.)

⇨ 紅葉(もみじ)狩(が)り。
(단풍놀이.)

⇨ ホテルの窓からは、美しい紅葉(こうよう)に彩(いろど)られた山々が見えた。
(호텔 창문에서, 아름다운 단풍에 물 들은 산들이 보였다.)

⇨ 遠足(えんそく)で拾(ひろ)った美しい紅葉(もみじ)を日記帳(にっきちょう)の間にはさんで、思い出(で)に残(のこ)した。
(소풍 가서 주어 온 아름다운 단풍을 일기장 사이에 끼워 두어 추억으로 남겼다.)

❸ 「물들다」는, 「色(いろ)づく」「彩(いろど)る」「染(そ)まる」로 번역하자.

⇨ 庭(にわ)では、かきの実(み)がおいしそうに色づいて、秋の日に輝(かがや)いている。

(정원에는 감이 맛있게 영글어 가을 햇살에 빛나고 있다.)

⇨ 山々は、見渡(みわた)す限(かぎ)り美しい紅葉で<u>彩ら</u>れていた。

(산은, 바라보니 예쁜 단풍으로 물들어 있었다.)

⇨ 裏庭(うらにわ)から夕日(ゆうひ)に<u>染まっ</u>た北漢山(プッカンサン)が遠くに見えた。

(뒤뜰에서 보니, 석양에 물든 북한산이 멀리 보였다.)

Ⅱ. 오용표현(誤用表現)

A 품사별

1. 명사

(1) 한국어를 직역한 명사로, 일본어에서는 쓰이지 않는 말

한국어문 001 닛꼬(日光)로 가는 당일치기 관광은 **전세**버스로 갔다.

번역 日光(ニッコウ)行(ゆ)きの日帰(ひがえ)りの観光(かんこう)は**貸(か)し切(き)り**バスで行った。

■ 주요용법

❶ 「전세」는, 「専貰」라고 하지 않고 「貸(か)し切(き)り」로 쓴다.

❷ 「당일치기」는, 「日帰(ひがえ)り」라는 특이한 단어를 사용함에 주의하자. 일본의 관광여행사의 광고지에는 「ハトバスの日帰りの旅(たび)」라 하여 하루에 다녀오는 여행상품이 많이 있다. 여기에는 「○○食べ放題(ほうだい)」라 하여 정해진 가격으로 얼마든지 먹을 수 있는 것으로 여행을 하면서 제공되는 관광상품이다. 예를 들면, 「カニ食べ放題」「すし食べ放題」「ブドウ食べ放題」등 많이 있다.

한국어문 002 설날 밤에는 가족이 모여 <u>화투</u>를 치면서 놀았습니다.

번역 お正月(しょうがつ)の夜(よる)は家族(かぞく)が集(あつ)まって<u>**花札(はなふだ)**</u>をしながら遊(あそ)びました。

■ 주요용법

「화투」는, 「花闘」로 쓰지 않는다. 우리의 「화투」와 거의 같은 그림이 들어있는 「花札(はなふだ)」라는 것이 있다. 우리들이 익히 알고 있는 48장으로 된 화투인데 일본에서는 18c말부터 사용했었다고 한다. 예를 들면, 1월을 나타내는 소나무(松), 2월은 매화(梅), 3월은 벚꽃(桜), 12월은 오동나무(桐) 등 한국에서 보는 화투와 똑같이 꽃그림이 월별로 배열되어 있다. 비슷한 것으로 「万葉(まんよう)かるた」 「お魚かるた」등과 같이 「○○かるた」로 이름 붙여 놀이를 즐기는 것도 있다. 이것은 포르투갈어의 「Carta」에서 유래된 말이라 한다.

한국어문 003 <u>조상</u>으로부터 물려받은 전통은, 우리들의 손으로 자손들에게 전하지 않으면 안된다.

번역 <u>**祖先(そせん)**</u>から受(う)け継(つ)がれてきた伝統(でんとう)は私たちの手で子孫(しそん)に伝(つた)えなければならない。

■ 주요용법

「조상」이라는 말은, 「祖上」을 사용하지 않고 「祖先(そせん)」이나 「先祖(せんぞ)」를 쓴다.

⇨ 祖先の名(な)を辱(はずか)しめる行(おこな)い。
(조상의 이름을 더럽히는 행동.)

⇨ 先祖代々(だいだい)伝(つた)わる家宝(かほう)。
(조상 대대로 전해지는 가보.)

⇨ 韓民族(かんみんぞく)は同じ先祖を持った単一民族(たんいつみんぞく)である。
(한민족은 같은 조상을 갖은 단일민족이다.)

한국어문 004 이 증권회사는 사무원이 없더라도 컴퓨터에 의하여 모든 **거래**가 이루어진다.

번역 この証券会社(しょうけんがいしゃ)は事務員(じむいん)がいなくてもコンピューターによってすべての**取引(とりひき)**が行(おこ)なわれる。

■ 주요용법

「거래」는, 「去来」로 쓰지 않고 「取引(とりひき)」를 사용한다.

⇨ 証券取引所(しょうけんとりひきじょ) : 증권거래소

⇨ 電話取引所(とりひきじょ) : 전화거래소

⇨ 闇取引(やみとりひき) : 암거래

한국어문 005 한국의 <u>속담</u>에는 「돌다리도 두드리면서 걷는다」는 말이 있다. 이 말은 조심에 조심을 거듭한다는 것을 비유하는 말이다.

번역 韓国の<u>**諺(ことわざ)**</u>には「石橋(いしばし)も叩(たた)きながら歩(ある)く」という言葉(ことば)がある。この言葉は用心(ようじん)のうえにも用心(ようじん)を重(かさ)ねることのたとえだ。

주요용법

① 한국어의 「속담(俗談)」은, 일본어에는 「諺(ことわざ)」에 해당된다. 일본어의 「俗談(ぞくだん)」은, 「속된 이야기」나 「잡담」 또는 「세상 이야기」의 뜻으로 사용된다.

② 「두드리다」에는 「叩(たた)く」와 「打(う)つ」가 있다. 「たたく」는, 대상이 되는 것에 손상 입히는 행위가 아니며 「수직 방향」으로 타격을 가할 뿐 아니라 「반복」하는 의미가 강하게 나타난다. 그러나 「打つ」는, 어떤 사물을 강하게 맞추어서 어떤 상황을 초래하게 하는 것이다.

⇨ 肩(かた)を<u>たたく</u>。(어깨를 두드리다.)
手を<u>たたく</u>。(손뼉을 치다.)
太鼓(たいこ)を<u>たたく</u>。(북을 치다.)
ヒットを<u>打つ</u>。(히트를 치다.)
ボールを<u>打つ</u>。(볼을 치다.)
碁(ご)を<u>打つ</u>。(바둑을 두다)
注射(ちゅうしゃ)を<u>打つ</u>。(주사를 놓다)
電報を<u>打つ</u>。(전보를 치다)

한국어문 006 연수기간 동안 구마모토와 벳부를 거쳐 아소산까지 갔습니다. 그곳 매점에서 예쁜 <u>선물</u>을 샀습니다.

번역 研修期間中(けんしゅうきかんちゅう)、熊本(クマモト)と別府(ベップ)を通って阿蘇山(アソサン)まで行きました。その売店(ばいてん)できれいな<u>**お土産(みやげ)**</u>を買いました。

주요용법

「선물」이라는 우리말은, 일본어로 「膳物」로 쓰지 않는다. 「プレゼント」나 「贈り物(おくりもの)」 「お土産(みやげ)」로 말하는데, 「プレゼント」와 「贈り物」는 일상적으로 주고받는 「선물」을 말한다. 「お土産」는 여행지 등에 가서 그 지방 또는 그 나라에서 파는 유명한 물건을 기념품으로서 선물하는 것을 말한다. 여기서는 후자 쪽을 사용하면 맞다.

한국어문 007 고향에서 바라다 본 밤하늘의 아름다운 <u>은하수</u>를 잊을 수가 없습니다.

번역 故郷(ふるさと)から眺(なが)めた夜空(よぞら)の美(うつく)しい<u>**天(あま)の川(がわ)**</u>を忘(わす)れることができません。

주요용법

❶ 「은하수」는, 「銀河水」가 아니고 「天(あま)の川(がわ)」로 쓴다.

❷「바라다 보다」는, 「眺(なが)める」로 번역한다. 이것과 유사한 「見渡(みわた)す」도 있지만 약간 뉘앙스가 다르다. 「眺める」는, 한 점에 집중하지 않고 멍하니 전체를 보는 것이고, 「見渡す」는 아래의 예와 같이, 보는 대상이 멀리 있지 않지만 볼 수 있는 범위의 대상을 대충 본다는 뜻이 담겨있다.

⇨ 少年のころ、丘に上がって満天(まんてん)の星を眺めるのが好きだった。
(소년 시절 언덕에 올라가 하늘에 가득한 별을 쳐다보는 것을 좋아했다.)

⇨ 全体を見渡して、やさしい問題から解(と)く。
(전체를 보고 쉬운 문제부터 푼다.)

한국어문 008 **도쿄의 '스미다 강' 은 깨끗한 강이었지만 지금은 더러워지고 있다.**

번역 東京(トウキョウ)の '隅田川(スミダがわ)' はきれいな川だったが今は汚(きたな)くなっている。

주요용법

「강(江)」이라는 어휘는, 한국어에서는 「漢江」「洛東江」과 같이 큰 규모의 것으로 많이 쓰이지만 日本語에서는 이 말 자체를 거의 쓰지 않는다. 일본 지도에서도 「○○江」이라는 명칭은 볼 수 없다. 「隅田川(すみだがわ)」「利根川(とねがわ)」「石狩川(いしかりがわ)」와 같이 「川(かわ)」로 쓰여져 있다. 조그마한 「내」나 「개울」은 「小川(おがわ)」, 「하천」은 그대로 「河川(かせん)」으로 쓰는데 크고 작은 강을 모두 포함하여 이야기하기도 한다.

⇨ 日本で一番長い<u>川(かわ)</u>は367kmの信濃川(しなのがわ)である。
(일본에서 제일 긴 강은 367 킬로미터의 시나노 강이다.)

한국어문 009 지난해보다 꽃꽂이를 배우는 **<u>여대생</u>**은 줄었지만 컴퓨터를 배우는 **<u>여대생</u>**은 많아졌습니다.

번역 去年より生け花(いけばな)を習っている<u>女子大生</u>(じょしだいせい)は減(へ)りましたが、コンピューターを習っている<u>女子大生</u>が増(ふ)えました。

■ 주요용법

「여대생」은, 「女大生」으로 하지 않고 「女子大生(じょしだいせい)」로 쓰는데 주의하자.

⇨ <u>女子大生</u>でもできる海外(かいがい)一人旅(ひとりたび)。
(여대생도 가능한 해외 나홀로 여행.)

한국어문 010 작년에 한국경제가 어려워서 올 봄 **<u>대학</u>**의 취업난이 예상된다.

번역 昨年韓国経済(けいざい)が落(お)ち込(こ)んでいたので、今年の春、**<u>大学(だいがく)</u>**の就職難(しゅうしょくなん)が予想(よそう)される。

주요용법

1 우리의 종합대학인「○○대학교」는「○○大学(だいがく)」으로,「○○여대」는「○○女子大学(じょしだいがく)」로 사용한다. 경우에 따라 일본에서는「大学校」의 명칭을 붙여 사용하는 경우도 있는데 그것은 특수대학인 경우이다. 이 한국어문에서는 학교의 명칭이 아니라 추상적인 대상을 말한다.

⇨ 東京大学(とうきょう だいがく)。
早稲田大学(わせだ ―)。
東京女子大学(とうきょう じょし ―)。
お茶の水女子大学(おちゃのみず ―)。
防衛大学校(ぼうえい だいがっこう)。
航空大学校(こうくう ―)。
水産大学校(すいさん ―)。
農業大学校(のうぎょう ―)。

참고로 대학의「총장」에 대해서 알아보자. 현행 일본의「학교교육법」에는 제58조에「大学には学長、教授をおかなければならない」(대학에는 학장, 교수를 두지 않으면 안 된다)라고 되어 있다. 따라서「学長(がくちょう)」라는 말이 공식 명칭으로 사용되고 있음을 알 수 있다. 그러나 東京大学 등 구제대학(旧帝大学)이나 일부 사립대학에서는「総長(そうちょう)」라는 말을 사용하기도 한다.

⇨ 東京大学総長。(도쿄대학 총장)
早稲田大学総長。(와세다대학 총장)
東京女子大学学長。(도쿄여자대학 학장)

⇨ 次期(じき)学長に文学部長(ぶんがくぶちょう)が選(えら)ばれた。
(차기 학장에 문학부장이 선출되었다.)

② 「어렵다」 「좋지 않는 상태가 되다」는, 「落(お)ち込(こ)む」로 번역하자.

⇨ だれでも頼(たよ)ることのできない苦境(くきょう)に落ち込んだとき独(ひと)りぼっちの自分を発見(はっけん)する。
(누구에게도 의지할 수 없는 곤경에 빠졌을 때 외톨이의 자기 자신을 발견한다.)

⇨ 彼は大学受験(じゅけん)に2度失敗(しっぱい)して、とても落ち込んでいた。
(그는 대학시험에 두 번이나 실패하여 매우 곤란에 처해 있었다.)

⇨ その年(とし)、世(よ)の中の景気(けいき)は大きく落ち込んでいた。
(그 해 세상 경기는 매우 곤란에 처해 있었다.)

한국어문 011 사람은 누구라도 **장점**과 **단점**이 있는 법이다.

번역 人はだれでも長所(ちょうしょ)と短所(たんしょ)があるものである。

주요용법

일본어에서의 「단점」은 「短所(たんしょ)」, 「장점」은 「長所(ちょうしょ)」 特長(とくちょう)으로 표현한다. 「短点」 「長点」이라는 말은 거의 사용하지 않는다.

⇨ 長所を過信(かしん)すると、かえって失敗(しっぱい)することになる。
(장점을 너무 믿으면 도리어 실패하게 된다.)

한국어문 012 이번 **대학축제**의 연극에서는 김군이 햄릿 역을 하기로 되어 있다.

번역 今度の大学の**学園祭(がくえんさい)**の演劇(えんげき)では、金君がハムレットの役(やく)をすることになっている。

■ 주요용법

❶ 「대학 축제」는, 「大学祝祭」라는 말을 사용하지 않고 「大学祭(だいがくさい)」나 「大学の学園祭(がくえんさい)」라는 말을 사용한다.

⇨ こんどの大学の学園祭には、いろいろな講演会(こうえんかい)が行われる予定(よてい)だ。
(이번 대학 축제에는 여러 가지 강연회가 열릴 예정이다.)

❷ 「역을 하다 (맡다)」는, 「役(やく)をする」 또는 「役を演(えん)じる」를 사용하자.

⇨ 歌舞伎(かぶき)で、女性の役を演じる男優(だんゆう)のことを、女形(おやま)という。
(가부키에서 여성 역할을 하는 남자 배우를 오야마라 한다.)

한국어문 013 그저께 친구로 부터 **부탁**이 있어서 그 소설의 줄거리를 일본어로 고쳤다.

번역 一昨日(おととい)友達から**頼(たの)み**があってその小説(しょうせつ)のあらすじを日本語に直(なお)した。

주요용법

❶ 「부탁」은, 「付託」으로 표현하지 않고 「頼(たの)み」로 하면 된다.

⇨ お金は必(かなら)ず返(かえ)すから、どうか助(たす)けてくれ、一生(いっしょう)の<u>頼み</u>だ。
(돈은 반드시 돌려 줄 테니, 제발 도와 줘, 내 일생에 한 번 뿐인 부탁이야.)

❷ 「줄거리」는, 「あらすじ(粗筋)」로 번역한다.

⇨ 読書感想文(どくしょかんそうぶん)は、本の<u>あらすじ</u>を書くのではなく本についての自分の感想や意見(いけん)を書くものです。
(독서 감상문은, 책의 줄거리를 쓰는 것이 아니라, 책에 대한 자기의 감상이나 의견을 쓰는 것입니다.)

한국어문 014 단 한 번 공원에서 우연히 내 곁을 스쳐 지나간 너의 <u>모습</u>을, 꿈에도 잊지 못하는 것은 왜 일까?

번역 ただ一回(いっかい)公園(こうえん)で偶然(ぐうぜん)私の側(そば)に擦(す)れ違(ちが)った君(きみ)の<u>様子(ようす)</u>を、夢(ゆめ)にも忘(わす)れられないのはなぜだろう。

주요용법

❶ 앞과 마찬가지로 「모습」은, 「様子(ようす)」「姿(すがた)」 등으로 번역하자.(오용 44번 173쪽 참조)

❷ 「스쳐 지나다」는, 「擦(す)れ違(ちが)う」로 번역할 수 있다.

⇨ 上(のぼ)り列車(れっしゃ)と下(くだ)り列車は、同時刻(どうじこく)、いつもこの場所(ばしょ)ですれちがう。
(상행열차와 하행열차는, 같은 시각 늘 이 장소에서 지나친다.)

⇨ あいつは人とすれちがってもあいさつさえしないようなやつだ。
(저 녀석은 사람과 스쳐 지나도 인사조차 하지 않는 놈이다.)

한국어문 015 이런 화려한 **수영복**은 정말 무리야. 안 어울려.

번역 このような派手(はで)な**水着**はとても無理(むり)よ。似合(にあ)わないわ。

주요용법

❶ 「수영복」을 「水泳服(すいえいふく)」로 쓰면 한국어를 직역한 말로 오용이 된다. 「水着(みずぎ)」가 올바른 표현이다.

⇨ ママ、この水着、私に似合(にあ)ってる?
(엄마, 이 수영복, 나한테 어울려?)

⇨ 彼女は水着美人(びじん)です。
(그녀는 수영복 미인입니다.)

❷ 「어울리다」는 「似合(にあ)う」로 번역하자.

⇨ 私の友達、春樹さんは韓国の衣装(いしょう)がよく似合う。
(나의 친구 하루키는 한복이 잘 어울린다.)

한국어문 016 그는 졸업학점이 모자라 유급되었다.

번역 彼は卒業単位が足(た)りず留年(りゅうねん)した。

■ 주요용법

① 한국어의 「학점」은 일본어에서는 「単位(たんい)」라고 한다. 일본어에는 「学点」이라는 한자어가 없다.

⇨ 卒業までに、あと3単位取(と)らなければならない。
(졸업까지 앞으로 3학점을 따지 않으면 안 된다.)

⇨ どうせ単位が取(と)れないですから。
(어차피 학점을 딸 수 없으니까요.)

② 「모자라」는 「足(た)りず」로 옮기자. 「足りず」는 「足りない」(부족하다)의 부사형이다.

⇨ あの男みたいに、毎晩、遊(あそ)び回(まわ)ったているのでは、いくら金があっても足りないよ。
(저 남자같이 매일 밤, 놀고만 있어서는 아무리 돈이 있어도 부족해.)

한국어문 017 나는 사람들에게 첫인상이 좋다고 자주 듣습니다.

번역 私は人に第一印象がいいとよく言(い)われます。

■ 주요용법

「첫인상」은, 「初印象」가 아니라 「第一印象(だいいちいんしょう)」로 번역하자.

⇨ 彼は第一印象が悪くていつもこまっています。

(그는 첫인상이 나빠 늘 곤란해 하고 있다.)

⇨ 第一印象のおかげで今後(こんご)も得(とく)をする事が出来るのです。
(첫인상 덕분에 앞으로 득을 볼 수가 있습니다.)

한국어문 018 어쩔 수 없이 일회용 카메라로 사진을 찍었습니다.

번역 仕方(しがた)がなくて**使(つか)い捨(す)て**カメラで写真を撮(と)りました。

■ 주요용법

「일회용 카메라」의 「일회용」은, 「一回用(いっかいよう)」라고 하지 않고 「使(つか)い捨(す)て」라고 하여 「사용하고 버리는 물건」이라는 의미로 사용한다. 「일회용 컵」은 「紙(かみ)コップ」라고 한다.

⇨ 環境(かんきょう)の問題(もんだい)で割(わ)りばしなどの使い捨てものが社会問題になっています。
(환경문제로 나무젓가락 등의 일회용품이 사회적인 문제가 되고 있습니다.)

⇨ 使い捨てものは何がありますか。例(たと)えば使い捨てカメラ、ライタ、紙コップなどがあります。
(일회용품은 무엇이 있나요? 예를 들면 일회용 카메라, 라이터, 종이컵 등이 있습니다.)

⇨ 使い捨てカメラは一度(いちど)使っただけで捨(す)てるからもったいない。
(일회용카메라는 한 번 쓰고 버리기 때문에 아깝다.)

한국어문 019 최근에는 유학생도 늘어나 기숙사는 <u>속수무책</u>인 상태로 골머리를 썩이고 있다.

번역 最近(さいきん)は留学生(りゅうがくせい)も増(ふ)えて、寮(りょう)は**<u>お手上(てあ)げ</u>**状態(じょうたい)と頭(あたま)を悩(なや)ませている。

주요용법

한국어로 「束手無策」으로 그대로 직역해 오용으로 쓰일 수 있다. 일본에서는 「속수무책」은, 「お手上(てあ)げ」라고 쓰고 있으므로 주의하도록 하자.

⇨ 彼の病気(びょうき)はお医者(いしゃ)さんも<u>お手上げ</u>であった。
(그의 병은 의사도 속수무책이었다.)

한국어문 020 이번 주 <u>복권</u>에 당첨되어 너무 기뻐 뛰었습니다.

번역 今週の**<u>宝(たから)くじ</u>**に当(あ)たってこおどりして喜(よろこ)びました。

주요용법

1. 복권은 「福券」가 아니라 「宝(たから)くじ」로 번역한다.

⇨ もし<u>宝くじ</u>で一億円(おくえん)が当(あ)たっら、何に使(つか)いますか。
(만일 복권에서 1억 엔이 당첨된다면, 어디에 쓰겠습니까?)

❷ 「너무 기뻐 뛰다」는 「こおどりして喜(よろこ)ぶ」로 번역한다.

⇨ 在学中(ざいがくちゅう)に国家試験(こっかしけん)に合格(ごうかく)したという伝(つた)えにこおどりして喜んだ。
(재학 중에 국가고시에 합격했다는 전언을 듣고 덩실대며 기뻐했다.

한국어문 021 그녀는 작년 연말 **노래자랑**대회에 나가 우승했다.

번역 彼女(かのじょ)は去年の年末(ねんまつ)、**喉自慢(のどじまん)**大会に出て優勝(ゆうしょう)した。

주요용법

「노래자랑」은 직역하여 「歌自慢」이나 「歌誇り」라고 쓰지 않는다. 「喉自慢(のどじまん)」이라는 특이한 어휘를 사용한다.

⇨ 喉自慢をテレビで見ているときに、審査員(しんさいん)はどこで、どのような人がやっているのかなといつも思(おも)い知(し)りたいです。
(노래자랑을 텔레비전으로 보고 있을 때, 심사위원은 어디서 어떤 사람이 하고 있는지 늘 알고 싶었습니다.)

한국어문 022 이태리의 베니스는 **항구**로 유명합니다.

번역 イタリアのベニスは**港(みなと)**で有名(ゆうめい)です。

■ 주요용법

우리나라에서는 「항구」를, 「港口」라는 한자를 사용하지만 일본에서는 그대로 쓰지 않는다. 「港(みなと)」 또는 「港町(みなとまち)」로 사용한다.

⇨ この辺(あた)りは、うらさびしい小(ちい)さな港のようです。
(이 부근은 뭔가 쓸쓸한 느낌이 드는 조그마한 항구 같다.)

⇨ 港町では人口(じんこう)が不動(ふどう)しがちだ。
(항구 도시에서는 인구가 부동적인 감이 든다.)

한국어문 023 자식은 부모에게 늘 효도하지 않으면 안 됩니다.

번역 子供(こども)は親(おや)にいつも孝行(こうこう)しなければいけません。

■ 주요용법

「효도」에 해당하는 「孝道(こうどう)」는 일본어에는 없다. 「孝行(こうこう)」 또는 「親孝行(おやこうこう)」라고 한다.

⇨ 両親(りょうしん)も年老(としお)いたので、孝行するつもりで海外旅行(かいがいりょこう)につれていった。
(부모님도 늙으셨기 때문에 효도할 생각으로 해외여행에 모시고 갔다.)

⇨ あの人の孝行を永(なが)らくほめたたえている。
(그 사람의 효행을 길이길이 기리고 있다.)

⇨ 親孝行したいときには親はなし。
(효도하고 싶을 때에는 부모는 없다.)

한국어문 024 다나카씨는 <u>만물박사</u>이니까 그분에게 물어보세요.

번역 田中さんは<u>**何(なん)でも屋(や)**</u>ですから、あの方に聞いてください。

주요용법

「何(なん)でも屋(や)」는, 「만능꾼」 「팔방미인」을 말한다. 일본어에서는 「万物博士」라는 말은 없다. 「팔방미인」에 해당하는 「八方美人(はっぽうびじん)」은 우리말과 뉘앙스가 다르다. 즉 「누구에게나 비위를 잘 맞추면서 사귀는 지조 없는 사람」이므로 주의하자.

⇨ 彼は親を<u>何でも屋</u>だとでも思っているみたいです。
(그는 부모가 뭐든지 해결해 줄 수 있다고 생각하는 것 같아요.)

⇨ <u>八方美人</u>は、いろんな人に調子(ちょうし)いいことばっかり言って常(つね)に周(まわ)りの機嫌(きげん)をとっているイメージです。
(팔방미인은, 여러 사람에게 듣기 좋은 말만 해 늘 주위사람의 비위를 맞추는 이미지가 들어가 있어요.)

한국어문 025 홈리스는, 24시간 영업하는 <u>PC방</u>에 주로 숙박하며, 일용직 등으로 생활을 유지하고 있다.

번역 ホームレスは、24時間営業の<u>**(インター)ネットカフェ**</u>を主(おも)な寝泊(ねと)まり先(さき)にして、日雇(ひやと)い労働(ろうどう)などで生活を維持(いじ)している。

■ 주요용법

「PC방」은, 직역하여 「PCルーム」(= room) 이라고 하지 않고 「ネットカフェ」(=net cafe)나 「インターネットカフェ」(= Internet cafe)로 표현한다.

⇨ インターネットカフェのほうが便利なため、カプセルホテル代(が)わりに利用(りよう)するビジネスマンや個人旅行客(こじんりょこうきゃく)もいる。
(인터넷 카페 쪽이 편리하기 때문에, 캡슐호텔 대용장소로 이용하는 비즈니스맨이나 개인 여행객도 있다.)

한국어문 026 **역도의 김 선수는 벌써 15년 이상 한국 기록을 보유하고 있습니다.**

번역 **重量挙(じゅうりょうあ)げ**の金選手(キムせんしゅ)はもう十五年以上(じゅうごねんいじょう)、韓国記録(かんこくきろく)を保(たも)っています。

■ 주요용법

「역도」라는 종목을 우리나라 식으로 표기하면 「力道(りきどう)」라고 한다. 하지만 일본어로 「역도」는 특이하게 「重量挙(じゅうりょうあ)げ」로 표기한다. 그리고 요즈음은 영어에서 온 말 「ウエイトリフティング」(= weight lifting)을 사용하기도 한다.

⇨ 山田選手は今回(こんかい)の重量挙げ大会(たいかい)で最初(さいしょ)に優勝(ゆうしょう)した。
(야마다 선수는 이번 역도대회에서 처음으로 우승했다.)

⇨ 世界記録は、国際ウエイトリフティング連盟(れんめい)

のカレンダーに掲載(けいさい)された国際競技大会で樹立(じゅりつ)されたものだけが公認(こうにん)される。
(세계 기록은, 국제 역도연맹의 캘린더에 게재된 국제경기대회에서 수립된 것만이 공인된다.)

한국어문 027 은행 통장의 <u>비밀 번호</u>는 몇 번입니까?

번역 銀行(ぎんこう)の通帳(つうちょう)の<u>**暗証番号(あんしょうばんごう)**</u>は何番(なんばん)ですか。

주요용법

일본에서는 은행이나 이메일 등에서 사용하는 고유의 비밀 번호는, 「秘密番号」라 하지 않고 「暗証番号(あんしょうばんごう)」(= personal identification number) 나 「パスワード」(= Password)라 한다.

⇨ カードの<u>暗証番号</u>を忘れました。どうすればよいでしょう?
(카드 비밀번호를 잊어먹었어요. 어떻게 하면 좋아요?)

⇨ キャッシュカードの<u>暗証番号</u>を変更したいのですが、銀行には何をもっていけばいいですか。カードと、通帳と、あと、印鑑(いんかん)も必要なのですか。［相談］
(현금카드의 비밀번호를 변경하고 싶습니다만, 은행에는 무엇을 가지고 가면 좋습니까? 카드와 통장과 그리고 인감도 필요합니까?)

한국어문 028 이 산 밑에서는 __핸드폰__이 잘 터지지 않아요.

번역 この山の下では__携帯(けいたい)__がつながらないんですね。

■ 주요용법

「핸드폰(휴대폰)」이라고 하는 말은, 직역하여 「ハンドホン」(= hand phone)이라 쓰지 않는다. 「携帯電話(けいたいでんわ)」라고 하는데, 간단히 「携帯(けいたい)」라고도 한다. 핸드폰을 사용할 때 지역에 따라 전화 연결이 잘 되지 않는 경우, 「핸드폰이 잘 터지지 않는다」고 한다. 그것은 「携帯がつながらない」로 표현하면 된다.

⇨ 社長の__携帯番号__を教(おし)えてください。
(사장님의 핸드폰 번호를 가르쳐 주세요.)

⇨ __携帯__の電話がつながらない時が、一番不安(いちばんふあん)です。
(핸드폰이 터지지 않을 때가 제일 불안합니다.)

한국어문 029 이 호텔에서 유명한 연예인이 결혼식을 많이 올린다는 건 __금시초문__인데요.

번역 このホテルで有名な芸能人(げいのうじん)がたくさん式(しき)を挙(あ)げているというのは__初耳(はつみみ)__ですね。

■ 주요용법

한국어에서 어떤 이야기를 처음 듣는다는 말을 「금시초문(今時初聞)」이라 하는데, 일본어에서는 간단히 「初耳(はつみみ)」라고 다르게 표현한다. 간단히 풀이하여 「いま初(はじ)めて聞いたこと」와 같이 사용해도 무리는 없을 것이다.

⇨ その話(はなし)は<u>初耳</u>だ。
(그 이야기는 금시초문이다.)

⇨ そんなことは<u>初耳</u>だけど、気持(きも)ちは悪(わる)くはない。
(그것은 금시초문이지만 기분이 나쁘지는 않다.)

⇨ お前(まえ)の言葉(ことば)は、ただ<u>いま初めて聞いたこと</u>だよ。
(네 말은 지금 처음 들은 거야.)

한국어문 030 커피 <u>리필</u>하시겠습니까?

번역 コーヒーの<u>**お代(か)わり**</u>いかがですか。

■ 주요용법

우리말의 「리필」(= refill)은, 식사나 음료에서부터 샴푸 세제 등 다양한 의미로 쓰이지만, 일본어에서 '식사나 차, 음료를 리필하다' 는 뜻으로 쓸 때는 「お代(か)わり」라는 말을 즐겨 사용한다. 한국어로 그대로 직역하여 「リフィル」이라고 사용하지 않으니 주의하자.

⇨ <u>お代わり</u>とは、好きなものを好きなだけ食べられる方式(ほうしき)という意味です。

(리필이란, 좋아하는 것을 좋아하는 만큼 먹을 수 있는 방식이라는 뜻입니다.)

한국어문 031 일본의 <u>공중목욕탕</u>은 오후 3시경부터 밤 12시까지 하고 있습니다.

번역 日本の<u>銭湯(せんとう)</u>は午後三時ごろから夜十二時ごろまでやっているんですよ。

주요용법

한국에서 흔히 「목욕탕」이라고 하는 「대중목욕탕」을 일본에서는 「銭湯(せんとう)」「風呂屋(ふろや)」「湯屋(ゆや)」「公衆浴場(こうしゅうよくじょう)」라고 한다. '목욕을 하다'라는 표현도 '沐浴(もくよく)をする'라고 하지 않고 'お風呂(ふろ)に入(はい)る'라는 표현을 쓴다. 「大衆沐浴湯」이라는 말은 사용하지 않는다.

⇨ この辺(あた)りに<u>銭湯</u>はありませんか。
(이 근처에 목욕탕은 없습니까?)

⇨ 小さいころから週末になるとお母さんに引(ひ)っ張(ぱ)られて<u>銭湯</u>にいかなければなりませんでした。
(어렸을 때부터 주말이 되면 어머니께 이끌려 독욕탕에 가지 않으면 안 되었습니다.)

한국어문 032 교통경찰이 속도위반을 **단속하**고 있다.

번역 交通警察(こうつうけいさつ)がスピード違反(いはん)を**取り締っ**ている。

주요용법

「단속하다」를 직역하면, 「団束する」이다. 이런 한자어는 일본어에 없다. 「取(と)り締(し)まる」로 번역한다. 명사형은 「取(と)り締(しまり)」이다.

⇨ コンピュータに関(かか)わる不正(ふせい)を取り締まるための法律(ほうりつ)。
(컴퓨터에 관련되는 부정을 단속하기 위한 법률.)

⇨ 飲酒(いんしゅ)取締に引(ひ)っ掛(か)かりました。
(음주단속에 걸렸습니다.)

⇨ 警察(けいさつ)は性売買(せいばいばい)の取締に乗(の)り出(だ)しました。
(경찰은 성매매단속에 나섰습니다.)

한국어문 033 경찰은 청소년의 **유흥가** 출입 단속에 나섰습니다.

번역 警察は青少年(せいしょうねん)の**盛(さか)り場(ば)**の立(た)ち入(い)りの取り締まりに乗(の)り出(だ)しました。

주요용법

「유흥가」를 직역한 「遊興街」는, 일본어에 없는 말이다. 「歓楽街(かんらくがい)」 또는 「ネオン街(がい)」 「盛(さか)り場(ば)」라고 번역한다.

⇨ 不夜城(ふやじょう)をなす新宿の<u>歓楽街</u>。
(불야성을 이루는 신주크 환락가.)

⇨ <u>盛り場</u>を飲(の)み歩(ある)く。
(유흥가 술집을 돌아다니며 마시다.)

⇨ <u>ネオン街</u>の千態万象(せんたいばんじょう)。
(유흥가의 천태만상.)

⇨ 近い将来に<u>「ネオン街」</u>が「LED街」とでも呼ばれるようになるかもしれない。［新発明のLED］
(가까운 장래에 「네온거리」가 「레드거리」로도 불리게 될지 모른다.)

한국어문 034 맛있는 음식이 많아서 **<u>과식</u>**하고 말았다.

번역 御馳走(ごちそう)がたくさんあったので、<u>食(た)べ過(す)ぎ</u>してしまった。

주요용법

「과식」은, 「過食(かしょく)」로 번역하면 한국어식 표현이다. 「食(た)べ過(す)ぎ」가 올바른 표현이다.

⇨ おいしいパンといって<u>食べ過ぎ</u>て胃(い)がもたれる。
(맛있는 빵이라 하여 과식해서 속이 더부룩하다.)

한국어문 035 지난달에 <u>**명예퇴직**</u>으로 20년간 근무했던 회사를 그만 둔 친구는, 새로운 일을 찾고 있다.

번역 先月、<u>**リストラ**</u>で20年間勤(つと)めていた会社を辞(や)めた友達は、新しい仕事(しごと)を探(さが)している。

주요용법

일본어로 「명예퇴직」은 「名誉退職(めいよたいしょく)」가 아니라 「リストラ」라고 한다. 「リストラクチャリング」 (= restructuring)의 줄임말이다. 즉 좋지 않은 사업으로부터 철수하거나 보다 나은 분야로 진출하는 등 사업 내용의 재편성과 인원 삭감 등 조직을 재검토하는 움직임을 말한다.

⇨ <u>リストラ</u>のあらしやボーナス・カットの現実(げんじつ)をしばし忘(わす)れてくらしている。
(퇴직파동이나 상여금 삭감의 현실을 잠시 잊고 살고 있다.)

⇨ このため企業の売り上げが減(へ)り、<u>リストラ</u>などで雇用(こよう)はさらに厳(きび)しくなる。
(이 때문에 기업의 매상이 줄어들고, 정리해고 등으로 고용은 한층 더 어려워진다.)

한국어문 036 지난 일요일 아내는 아들을 데리고 <u>**친정**</u>으로 갔다.

번역 先週の日曜日、妻(つま)は息子(むすこ)を連(つ)れて<u>実家</u>に行った。

■ 주요용법

「친정」은, 「親庭」이라고 직역하여 쓰는 것이 아니고 「実家(じっか)」라고 말한다.

⇨ 足(た)りない費用(ひよう)は実家におんぶする。
(모자라는 비용은 친정에서 보조 받는다.)

한국어문 037 나쁜 습관에 빠지지 않도록 **조심**해야한다.

번역 悪習(あくしゅう)に陥(おちい)らないように用心(ようじん)しなければならない。

■ 주요용법

「조심」이라는 말을 직역한 한자는 「操心」인데 일본어에서는 없다. 「用心(ようじん)」이라는 단어를 사용한다.

⇨ 用心の上(うえ)にも用心が肝要(かんよう)だ。
(조심하는 게 무엇보다 중요하다.)

⇨ 用心に用心を重(かさ)ねる。
(조심하고 또 조심한다.)

⇨ 冬(ふゆ)には特(とく)に火(ひ)の用心(ようじん)。
(겨울에는 특히 불조심)

(2) 한국어를 직역한 명사로, 일본어에서는 다른 뜻으로 쓰이는 말

한국어문 038 저의 선배는 일본어를 배우기 위하여, 시청 뒤에 있는 외국어 학원에 다니고 있습니다.

번역 私の先輩(せんぱい)は日本語を習うため、市役所(しやくしょ)の**後(うし)ろ**にある外国語学院(がいこくごがくいん)に通(かよ)っています。

주요용법

「뒤」라는 한국어는, 일본어에서는「後ろ」가 적당한 표현이다. 「後(あと)」로 쓰게 되면 다양한 의미를 나타낼 수 있다.「後(あと)」에는,「뒤(後ろ)」「후(のち)」「나중(あと)」「나머지(のこり)」의 의미가 있으므로 유의하자.

⇨ 私のあとについて来てください。
(저 뒤를 따라 오세요.) … 공간

⇨ あとでまた電話します。
(나중에 또 전화하겠습니다.) … 시간

⇨ あとは明日話します。
(나머지는 내일 말하겠습니다.) … 분량

⇨ 卒業式まであと1週間です。
(졸업식까지는 앞으로 1주일 남았습니다.) … 분량

한국어문 039 엄마로부터 호되게 꾸중을 듣고서 나의 잘못을 알았다.

번역 母にさんざん叱(しか)られてわたしの**過(あやま)ちが分(わか)った**。

■ 주요용법

❶ 「~을 알다」는, 「~がわかる」로 하여 조사 「が」를 사용함에 주의한다.

❷ 「誤(あやま)り」(= error, mistake)는 구체적이며, 「過(あやま)ち」(= fault)는 도덕적 · 추상적인 「잘못」이라 할 수 있다.

⇨ その山は深いので、道を誤ると大変だから、地図(ちず)とコンパスは忘れずに持って行きなさいよ。
(그 산은 깊기 때문에 길을 잘못 들면 큰일이니까 지도와 컴퍼스는 잊어버리지 말고 갖고 가요.)

⇨ 自分が犯(おか)した過ちについて、今は深く反省(はんせい)しております。
(자기가 범한 잘못에 대하여 지금은 깊게 반성하고 있습니다.)

한국어문 040 마지막 판단은 당신의 의사에 맡기겠습니다.

번역 最後(さいご)の判断(はんだん)は、あなた自身(じしん)の**意思(いし)**にお任(まか)せします。

■ 주요용법

여기서의 「의사」는, 「決意(will)」를 나타내는 말이 아니므로 「意志(いし)」를 사용하면 안된다. 표현의 의사(= 考え, 思い, thought)를 말하므로 「意思(いし)」가 적당하다.

⇨ 日記(にっき)を書き続けるには、強い意志が必要である。 – 決意
(일기를 계속 쓰기 위해서는 강한 의지가 필요하다.)

⇨ 彼は昨日先生のお宅を訪(たず)ねて自分の意思を申(もう)し上(あ)げました。 -- 考え

(그는 어제 선생님 댁을 방문하여 자기 의사를 말씀드렸습니다.)

한국어문 041 가지산 정상에서 바라보면 경치가 일품이어서 지금까지 피로했던 것도 모두 사라졌다.

번역 加智山(カジサン)の頂上(ちょうじょう)からの眺(なが)めは**すばらしくて**、これまでの疲(つか)れも吹(ふ)き飛(と)んでしまった。

주요용법

「일품이다」이라는 말은, 「一品(いっぴん)だ」로 하지 않고 「すばらしい」나 「非常(ひじょう)にすぐれている」로 표현한다. 일본어에서는 한국어와 달리, 자연의 경치를 말할 때나 요리 솜씨를 말할 때 「一品」이라는 표현은 사용하지 않는 경향이 있다. 그러나 고급식당 등에서 좋아하는 메뉴를 하나씩 시켜 주문할 수 있는 요리, 즉 「一品料理(いっぴんりょうり)」라는 말을 사용하는 일이 있다.

⇨ 私の母の料理(りょうり)の腕前(うでまえ)は非常にすぐれています。

(저의 어머니의 요리 솜씨는 일품입니다.)

한국어문 042 이 프로의 주인공 두 사람은 초등학교와 중학교 때 같은 <u>반</u>이었습니다.

번역 この番組(ばんぐみ)の主人公(しゅじんこう)二人(ふたり)は小学校(しょうがっこう)と中学校(ちゅうがっこう)の時、同じ<u>**組(くみ)**</u>でした。

주요용법

「반」이라는 말에 대해서 보자. 「班(はん)」으로 쓸 때는 「작은 단위로 나눈다」는 의미가 강하다. 「三班(さんぱん)に分ける」「作業班(さぎょうはん)」과 같이 사용한다. 이 문제에서의 「반」은, 「組(くみ)」「クラス」「学級(がっきゅう)」로 쓴다. 한국어에서 초・중・고등학교의 「반장」이라는 말은, 일본에서는 「学級委員(がっきゅういいん)」「委員長(いいんちょう)」「議長(ぎちょう)」등 여러 가지로 부른다.

⇨ 一年三<u>組</u>(いちねんさんくみ)。
(1학년 3반)

⇨ わたしたちの<u>組</u>の担任(たんにん)の先生。
(우리반의 담임 선생님)

한국어문 043 남동생은 어릴 때, 늘 할머니와 함께 있었기 때문에 재미있는 <u>**별명**</u>을 갖고 있다.

번역 弟(おとうと)は子供の時、いつも祖母(そぼ)と一緒(いっしょ)にいたので面白(おもしろ)い<u>**あだ名(な)**</u>を持っている。

■ 주요용법

「별명」은, 「別名(べつめい」(= another name)로 표기하지 않고 「あだ名(な)」나 「ニックネーム」(= nickname) 「愛称(あいしょう)」 「ペットネーム」(= pet name) 등으로 표기한다.

⇨ 少年(しょうねん)は、赤毛(あかげ)でそばかすがあるため、「にんじん」というあだ名をつけられた。
(소년은, 빨강 머리에 주근깨가 있어 「당근」이라는 별명이 붙여졌다.)

⇨ 彼女は目が大きいので「とんぼ」というニックネームで通っている。
(그녀는 눈이 크기 때문에 「잠자리」라는 별명으로 통한다.)

⇨ 私の両親はめったに 「ハニー」などの愛称を用いなかった。
(나의 부모는 특별한 경우 외에는 거의「하니-」등의 애칭은 쓰지 않았다.)

⇨ 同じような商品(しょうひん)であるにも関(かか)わらず、様々なペット・ネームをつけているため、保険(ほけん)の種類が物凄(ものすご)くたくさんあるような勘違(かんちが)いを受けてしまう。〔保険用語〕
(같은 상품임에도 불구하고 여러 가지 애칭을 붙이고 있기 때문에 보험종류가 너무 많이 있음을 착각하게 된다.)

한국어문 044 이 국립해상공원에는 낙타, 거북이 등 여러 가지 모양을 한 섬이 군데군데 보여 경치가 좋다.

번역 この国立海上公園(こくりつかいじょうこうえん)にはらくだ、かめなどいろいろの姿(すがた)の島(しま)がところどころ見えていい景色(けしき)だ。

■ 주요용법

「모양」「모습」은, 「姿(すがた)」나 「形(かたち)」「様子(ようす)」로 표현한다. 일본어의 「模様(もよう)」는, 「무늬」(= pattern, design) 「상황」「～할 것 같은 기색」의 의미로 쓰이므로 한국어와 뉘앙스가 다르다.

⇨ 地図(ちず)は実際(じっさい)の土地(とち)の姿を紙の上に写(うつ)したものである。
(지도는 실제의 땅 모습을 종이에 옮긴 것이다.)

⇨ 青い空に鯨(くじら)の形をした雲がぽっかりと浮(う)かんでいる。
(푸른 하늘에 고래 모양을 한 구름이 둥실 떠 있다.)

⇨ 待合室(まちあいしつ)には、花柄(はながら)の模様のワンピースを着(き)た女性(じょせい)が一人いるだけだった。
(대합실에는 꽃무늬 모양의 원피스를 입은 여성이 혼자 있을 뿐이었다.) … 무늬

⇨ この人気歌手(にんきかしゅ)の結婚式(けっこんしき)のもようは、テレビや週刊誌(しゅうかんし)などで大きく取(と)り上(あ)げられた。
(이 인기 가수의 결혼식의 상황은, TV나 주간지 등에서 크게 취급되었다.) … 상황

⇨ 途中大雪(おおゆき)のため、新幹線の到着(とうちゃく)は一時間ぐらい遅れるもようです。
(도중에 눈이 많이 와서 신간센 도착은 한 시간 정도 늦어질 것 같습니다.) … 기색

한국어문 045 매일 아침 일찍 아파트 문 밑에는 두 종류의 신문과 요구르트가 놓여져 있다.

번역 毎朝(まいあさ)早(はや)くアパートのドアの下には二種類(にしゅるい)の新聞(しんぶん)とヨーグルトが置(お)いてある。

주요용법

1 아파트의 「문」은, 「ドア」(= door) 「戸(と)」로 번역하자. 참고로 「門(もん)」 「戸(と)」 「扉(とびら)」를 구별하면 다음과 같다.

⇨ 門(もん) : 대문을 지칭함. 正門(せいもん), 後門(こうもん), 赤門(あかもん, 東京大 정문)

⇨ 戸(と) : 「扉(とびら)」 「ドア」를 포함한다. 일반적으로 左右로 여닫는 문.

⇨ 扉(とびら) : 좌우 또는 회전에 의하여 여닫는 문.

⇨ ドア : 서양식 문으로 주로 기둥을 축으로 하여 여닫는 문.

2 「요구르트」는, 「ヨーグルト」(= yog(h)urt)로 표기한다.

⇨ ヨーグルトダイエットというのは、1日(いちにち)3食(しょく)の食事(しょくじ)は通常(つうじょう)どおり摂取(せっしゅ)し、デザートにヨーグルトを食べる方法(ほうほう)です。
(요구르트 다이어트라고 하는 것은, 하루 3끼의 식사는 평상시 그대로 섭취하며, 디저트에 요구르트를 먹는 방법입니다.)

한국어문 046 어제 친구와 싸웠지만 곧 **화해**했습니다.

번역 昨日友だちとけんかしましたが、すぐ**仲直(なかなお)り**しました。

■ 주요용법

「화해」는, 직역하면 「和解(わかい)」이다. 이 말은 작은 일에는 쓰이지 않는다. 재판 등에서 거론될 만한 복잡한 일에 관한 것에 사용된다. 일상생활에서 일어나는 사소한 다툼에 대한 것은 「仲直り(なかなおり)」를 사용하여 표현한다.

⇨ たびたび喧嘩(けんか)をしますが、すぐ<u>仲直り</u>します。
(가끔 싸우지만 금방 화해합니다.)

⇨ 双方(そうほう)をなだめで<u>仲直り</u>させた。
(쌍방을 달래어 화해시켰다.)

⇨ 会社の争議(そうぎ)は、組合(くみあい)が折(お)れて会社側と<u>和解し</u>ました。
(회사의 쟁의는 조합 쪽이 꺾여 회사 측과 화해했습니다.)

한국어문 047 부모의 은혜는 **평생** 잊어서는 안 된다.

번역 親の恩(おん)は**生涯(しょうがい)**忘れてはいけない。

■ 주요용법

한국어에서 「일생」이라는 뜻으로 쓰이는 「평생(平生)」은, 일본어에서는 「生涯(しょうがい)」 혹은 「一生(いっしょう)」

라고 표현한다. 일본어에도 「平生(へいぜい)」라는 한자어가 있지만 이것은 「평소」라는 뜻으로 쓰인다. 「평생교육」은 일본에서는 「平生教育」이라는 말을 쓰지않고 「生涯教育(しょうがいきょういく)」을 사용한다.

⇨ 彼女は<u>生涯</u>独身(どくしん)で通(とお)している。
(그녀는 평생을 독신으로 지내고 있다.)

⇨ 彼はたった一度の過(あやま)ちで<u>一生</u>を棒(ぼう)に振(ふ)った。
(그는 단 한 번의 실수로 평생을 망쳐 버렸다.)

⇨ 健康(けんこう)は<u>一生</u>貴重(きちょう)なものだ。
(건강은 평생 귀중한 것이다.)

⇨ <u>平生</u>よりいくらか青(あお)ざめてみえた。
(평소보다 다소 창백해 보였다.)

⇨ <u>平生</u>通り、私は試合に出た。
(평소와 같이 나는 시합을 나갔다.)

⇨ <u>生涯教育</u>は人の生活の質(しつ)の向上(こうじょう)という理念(りねん)を追求(ついきゅう)する。
(평생교육은 인간생활의 질의 향상이라는 이념을 추구한다.)

⇨ <u>生涯教育</u>は家庭、社会、学校で行われる教育を統合(とうごう)した教育だ。
(평생교육은 가정, 사회, 학교에서 이루어지는 교육을 통합한 교육이다.)

한국어문 048 그 영화는 작년에 <u>개봉</u>했는데 나는 아직 보지 못했다.

번역 あの映画は去年<u>封切(ふうき)り</u>したばかりなのに私はまだ見なかった。

주요용법

「(영화를) 개봉하다」라는 표현을 쓸 때는, 「公開する」 혹은 「封切(ふうき)る」 「封切(ふうき)りをする」라는 단어를 사용한다. 그러나 「開封(かいふう)する」라는 일본어 표현은 있지만, 「(봉투를) 개봉하다」라는 의미로 다르게 사용한다.

⇨ 新作(しんさく)映画「ヘウンデ」。近日(きんじつ)公開(こうかい)！
(신작 영화 「해운대」. 곧 개봉!)

⇨ その監督(かんとく)は、年末封切る新作は富裕層(ふゆうそう)の強欲(ごうよく)ぶりを描(えが)いた作品であることを明(あき)らかにした。
(그 감독은, 연말 개봉하는 신작은 부유층의 탐욕상을 묘사한 작품임을 밝혔다.)

⇨ あの封切りをした映画(えいが)はほんとうに面白(おもしろ)かったんだよ。
(그 개봉한 영화는 참 재미있더군.)

한국어문 049 나가는 것은 귀찮으니까 배달을 시켜먹읍시다.

번역 出(で)るのは面倒(めんどう)だから、出前(でまえ)を取(と)りましょう。

주요용법

한국어의 「배달」은, 「(물품을) 가져다주다」의 의미로 어떤 물건이든 관계없이 적용하여 사용할 수 있다. 그러나 일본어에서 「配達(はいたつ)」는 신문이나 물품 등을 배달한다는 표현으로 쓰고, 주문에 의해서 음식을 배달하는 경우에는 「出前(でまえ)」라는 말을 사용해야 된다. 더욱이 「仕出(しだ)し」라는 말이 있는데 이 표현은, 단체가 먹는 음식 등 비교적 비싼 요리를 배달할 때 사용하는 말로 생각하자. 그렇지만 「出前」는 비교적 싼 음식이나 간단한 음식을 배달할 때의 표현이다.

⇨ '出前'とは、寿司(すし)やラーメンなどを注文(ちゅうもん)に応(おう)じて客(きゃく)の家(いえ)に配達(はいたつ)するサービスをいう。
'데마에'라는 말은 초밥이나 라면 등을 주문에 따라 손님 집에 배달하는 서비스를 말한다.

⇨ 韓国では日本のラーメンと同様(どうよう)に大衆化(たいしゅうか)したチャジャンミョンの出前が古くからある。
(한국에서는 일본의 라면과 같이 대중화된 자장면 배달이 예전부터 있다.)

⇨ Jリーグ各チームにもスイセンの仕出し料理を提供しております。〔弁当CM〕
(제이리그 각 팀에게도 추천 배달요리를 제공하고 있습니다.)

⇨ 学費(がくひ)の一部(いちぶ)もしくは全額(ぜんがく)を新聞社が肩代(かたが)わりする代わりに、在学中(ざいがくちゅう)新聞配達業務(ぎょうむ)を行(おこな)うものである。〔新聞奨学生〕
(학비의 일부 혹은 전액을 신문사에서 지원해 주는 대신, 재학 중에 신문배달 업무를 하는 것이다.)

한국어문 050 어제 저는 친구하고 **술집**에 가서 늦게까지 마셨습니다.

번역 昨日、私は友だちと**飲(の)み屋(や)**へ行って遅くまで飲みました。

주요용법

한국어의 「술집」은 「飲(の)み屋(や)」나 「お酒屋(さけや)」를 쓰면 무난하다. 「酒屋(さかや)」라는 단어도 사용하지만 이것은 술을 마실 수 있는 '술집'이 아니라 주류를 전문으로 취급하는 '주류상점'이다. 학생에서부터 직장인에 이르기까지 누구나 이용하는 가장 일반적인 술집은 「居酒屋(いざかや)」이다. 이외에도 「屋台(やたい)」(포장마차)」나 「ビヤホール」(호프집) 등이 있다.

⇨ いい飲み屋見(み)つけました。行(い)きましょう。
(좋은 술집을 찾았습니다. 갑시다.)

⇨ 接待(せったい)する時どんな飲み屋がいいでしょうか。
(접대를 할 때 어떤 술집이 좋을까요?)

한국어문 051 그녀는 백화점에 **취업**을 정말 하고 싶어 해요.

번역 彼女はデパートでの**就職(しゅうしょく)**をいちばんしたがっているんです。

■ 주요용법

「취업」를, 직역하여 「就業(しゅうぎょう)」로 번역하면 다른 의미가 된다. 즉 「일을 착수하는 것」(= 仕事にとりかかること)의 의미이다. 이 경우는 「就職(しゅうしょく)」로 쓰는 것이 올바르다.

⇨ 大手(おおて)メーカーに就職して非常に喜んでいる。
(큰 회사에 취업을 하여 대단히 기뻐하고 있다.)

⇨ 就業中(ちゅう)はたばこを吸わないことになっている。
(업무 중에는 담배를 피우지 못하게 되어 있다.)

⇨ 就業中は面会謝絶(めんかいしゃぜつ)。
(업무 중 면회사절.)

(3) 한국어와 역순(逆順)으로 된 말

한국어문 052 그렇게 해 주신다면 정말 영광입니다.

번역 そうして下(くだ)されば本当(ほんとう)に光栄です。

■ 주요용법

이 경우의 「영광」을 직역하여 「栄光(えいこう)」로 번역하면 잘못이다. 이 말은 명사로써 「역경을 이겨내어 남이 못하는 일을 해냈다」는 뜻이 된다. 「자기 자신에게 영예이며 명예롭게 생각한다」는 의미로는 「光栄(こうえい)だ」를 사용하면 된다.

⇨ お会(あ)いできて光栄でございます。
(만나 뵙게 되서 영광입니다.)

⇨ 光栄なことに、大統領がじきじきにお褒(ほ)めの言葉を下さいました。
(영광스럽게도, 대통령이 직접 칭찬을 해주셨습니다.)

⇨ 彼はアーチェリー大会で栄光の金メダルを勝(か)ち取(と)った。
(그는 양궁대회에서 영광의 금메달을 따냈다.)

한국어문 053 그 정치가는 자기의 주장을 **시종일관** 굽히지 않는다.

번역 その政治家(せいじか)は自分の主張(しゅちょう)を**終始一貫**して曲(ま)げない。

주요용법

❶ 「시종일관」는 「始終一貫(ししゅういっかん)」이 아니라 「終始一貫(しゅうしいっかん)」으로 번역하자. 이와 같이 한일 양국어가 역순으로 되어있는 경우가 종종 발견된다.

⇨ 흑백사진 : 白黒写真(しろくろしゃしん)
남녀노소 : 老若男女(ろうにゃくなんにょ)
현모양처 : 良妻賢母(りょうさいけんぼ)
요령부득 : 不得要領(ふとくようりょう)

❷ 「굽히다」는 「曲(ま)げる」로 번역한다.

⇨ 生徒が針金(はりがね)を曲げたり、伸(の)ばしたりして作った工作(こうさく)が飾(かざ)られている。
(학생들이 철사를 구부리거나, 늘리거나 해서 만든 공작이

장식되어있다.)

(4) 외래어 표기

한국어문 054 이 피겨 스케이트 프로는 NHK<u>스튜디오</u>에서 녹화한 것입니다.

번역 このフィギュアスケートの番組(ばんぐみ)は、NHK<u>スタジオ</u>から録画(ろくが)したものです。

■ 주요용법

1. 「피겨 스케이팅」(= figure skating)은, 「フィギュア スケーティング」로 표기한다.

2. 「스튜디오」(= studio)는, 「スタヂオ」가 아니라 「スタジオ」로 한다.

한국어문 055 저는 에세이를 읽는 것도 좋아하지만, <u>클래식</u>을 듣는 것도 무척 좋아합니다.

번역 私はエッセイを読むことも好きですが、<u>クラシック</u>も聴(き)くこともとても好きです。

■ 주요용법

「클래식」(= classic)은, 「クレシック」가 아니라 「クラシック」로 표기한다. 또한 「고딕」(= gothic)은 다음의 예와 같이 「ゴチック」이 아니라 「ゴシック」으로 표기한다.

⇨ このゴシック様式(ようしき)の建築(けんちく)は12世紀(せいき)から16世紀まで西(にし)ヨーロッパ全域(ぜんいき)で行われた。
(이 고딕양식의 건축은 12세기에서부터 16세기까지 서부 유럽전역에서 행해졌다.)

⇨ ほとんどのOSには標準(ひょうじゅん)でゴシック体フォントと明朝体(みんちょうたい)フォントがいくつか付属(ふぞく)している。画面表示(がめんひょうじ)はゴシック体が使われることが多い。
(대부분의 운영체제에서는 표준으로 고딕체 폰트와 명조체 폰트가 몇 개 내장되어 있다. 화면의 표시는 고딕체가 사용되는 것이 많다.)

한국어문 056 이 온천수에는 유황과 라듐이 들어 있어 몸에 좋다고 합니다.

번역 この温泉水(おんせんすい)には硫黄(いおう)とラジウムが入(はい)っているので体(からだ)によいそうです。

주요용법

「라듐」(= radium)의 외래어 표기는, 「ラディウム」이 아니라 「ラジウム」으로 표기한다. 또한 「체육관」(= gymnasium)도 「ジムナディウム」이 아니라 「ジムナジウム」으로 표기한다.

⇨ ウラニウム(uranium)による体内汚染(たいないおせん)。
(우라늄에 의한 체내오염.)

⇨ 最尖端(さいせんたん)運動施設が揃(そろ)ったジムナジウムで日常生活のなかのストレスを解(と)く。

(최첨단 운동 시설이 갖춰진 체육관에서 일상생활 속의 스트레스를 풀다.)

한국어문 057 **지금부터 한일축구 실황 중계를 동경 메인스타디움에서 보내 드리겠습니다.**

번역 いまから韓日(かんにち)サッカーの実況中継(じっきょうちゅうけい)を東京のメイン**スタジアム**からお送(おく)り致(いた)します。

■ 주요용법

「스타디움」(= stadium)은, 「スタヂューム」가 아니라 「スタジアム」로 표기한다.

⇨ その切符(きっぷ)はプレミアム付(つ)きで売(う)られている。 (= premium)
(그 표는 프리미엄이 붙어 팔리고 있다.)

⇨ 牛肉(ぎゅうにく)の焼(や)き具合(ぐあい)はミディアムにしてください。(= medium)
(스테이크 구이정도는 미디엄으로 해주세요.)

한국어문 058 **새로운 밀레니엄을 맞이하여 올해는 어느 해보다 바쁠 것 같다.**

번역 新(あら)たなミレニアムを迎(むか)えて今年(ことし)はいつもの年(とし)より忙(いそが)しくなりそうだ。

■ 주요용법

「밀레니엄」(= millennium)은, 「ミレニウム」가 아니라 「ミレニアム」로 표기한다.

⇨ 紀元(きげん)2001年から3000年までの新(あら)たなミレニアム(千年期)に入るという時代の節目(せつもく)。〔ダカーポー, 97. 3. 19〕
(기원 2001년부터 3000년까지의 새로운 밀레니엄(천년기)에 들어간다고 하는 시대구분.)

⇨ ミレニアムはキリスト教で、キリストが再臨(さいりん)してこの世(よ)を統治(とうち)するという1000年間という。千年王国(せんねんおうこく)。
(밀레니엄은 크리스트교에서 그리스도가 재림해 이 세상을 통치한다고 하는 1000년간을 말한다. 천년왕국.)

(5) 기타

한국어문 059 **나의 고향은 국제관광 도시인 경주입니다. 나는 이 곳에서 태어나서 자랐습니다.**

번역 私の故郷(こきょう)は国際観光都市(こくさいかんこうとし)の慶州(キョンズュ)です。私はここで生(う)まれて育(そだ)ちました。

■ 주요용법

「이 곳에서」는, 「このところで」가 아니고 「ここで」를 사용한다.

⇨ ここでたばこを吸(す)うのは紳士(しんし)らしくない行

動(こうどう)です。
(이 곳에서 담배를 피우는 것은 신사답지 않은 행동입니다.)

한국어문 060 한일사전은 있지만 적당한 번역어를 찾는 **것**이 대단히 어렵다.

번역 韓日辞書(かんにちじしょ)はあっても適当(てきとう)な翻訳語(ほんやくご)を調(しら)べる<u>こと</u>がとても難(むずか)しい。

주요용법

「것」이라는 말은, 「の」「こと」「もの」로 대체된다. 「の」는, 이미 전제된 사물에 대하여 다시 지칭할 때(「~もの」)나, 어떠한 사항에 대하여 추상적인 내용을 나타낼 때(「~ということ」)에 사용된다. 「こと」와 「もの」에는 많은 용법이 있으나 일단 그 차이를 추상적이면 「こと」, 구체적이면 「もの」로 구별하자. 여기서는 「こと」를 쓴다.

⇨ 私のかばんは大きい<u>の</u>です。
(내 가방은 큰 것입니다.)
⇨ 東京大学に入る<u>の</u>は易しくない。
(도쿄대학에 들어가는 것은 쉽지 않다.)
⇨ それはとてもむずかしい<u>こと</u>ですね。
(그것은 매우 어려운 것이에요.)
⇨ 果物屋(くだものや)にはいろいろな<u>もの</u>がある。
(과일 가게에는 여러 가지 과일이 있다.)

한국어문 061 바닷가를 산책하면서 본 하늘은 <u>노을빛</u>이고, 바다는 코발트색이었습니다.

번역 海辺(うみべ)を散歩しながら見た空は<u>夕焼(ゆうや)け</u>で、海はコバルト色でした。

주요용법

「노을빛」은,「夕焼(ゆうや)け色」로 하지 않고「夕焼け」로 표현하자.

⇨ <u>夕焼け</u>空の広(ひろ)がるころ、子供たちは家路(いえじ)についた。
(노을빛 하늘이 퍼질 무렵 어린이들은 귀로에 올랐다.)

한국어문 062 고속도로 양쪽에는, <u>나무</u>들과 이름 모를 <u>꽃</u>들이 많이 있었다.

번역 高速道路(こうそくどうろ)の両方(りょうほう)には、<u>木</u>と名(な)を知らない<u>花</u>が多かった。

주요용법

일본어에서 복수 표현은 우리말과 다른 점이 많다. 일반적으로 사람 이외에는 복수를 사용하지 않는다. 주로 접미어「がた」「たち」「ら」「ども」(「ら」에 비해 용법이 좁음)로 표현된다.

그러나 동화책에서 나오는 동물들이나 물건에는 복수 형태가 자주 보이는데 그것은 의인화하여 사용되기 때문이다.

⇨ 先生<u>がた</u>(선생님들), ぼく<u>たち</u>(저들), 彼<u>ら</u>(그들).
家来(けらい)<u>ども</u>(하인들), 私<u>ども</u>(저희들), せがれ<u>ども</u>(자식들).
小鳥<u>たち</u>(작은 새들), お人形(にんぎょう)さん<u>たち</u>(인형들).

⇨ <u>せがれ</u>が家業(かぎょう)を継(つ)いでくれるといいんだが。
(내 자식이 가업을 이어주면 좋은데...)

한국어문 063 울산은 한국의 <u>도시들</u> 중에서 가장 유명한 공업도시라 말할 수 있다.

번역 蔚山(ウルサン)は韓国の<u>**都市(とし)**</u>の中で最(もっと)も有名(ゆうめい)な工業都市(こうぎょうとし)だと言える。

주요용법

「도시들」은, 「都市(とし)たち」가 아니다. 마찬가지로 「꽃들」「(하고 싶었던) 일들」 「별들」등은, 「花」 「こと」 「ほし」로 해야 한다.

⇨ 집 앞에는 아름다운 <u>꽃들</u>이 피어 있었다.
(家の前にはきれいな<u>花</u>が咲(さ)いていた。)

⇨ 내가 하고 싶었던 <u>일들</u>을 모두 적어 보았다.
(私のしたかった<u>こと</u>を全部書いてみた。)

⇨ 밤하늘의 <u>별들</u>을 보면서 재미있게 이야기했다.
(夜空(よぞら)の<u>星</u>を見ながら楽(たの)しく話した。)

한국어문 064 조카에게 일주일에 수학을 두 번, 영어를 세 번 가르쳐 주고 있다.

번역 甥(おい)に、数学を週二回(しゅうに**かい**)、英語を週三回(しゅうさん**かい**)教(おしえ)ている。

주요용법

1. 「두 번」「세 번」의 회수를 나타내는 「번」은, 일본어에서는 「回(かい)」「度(ど)」「遍(へん)」으로 표기하되 「番(ばん)」으로는 사용하지 않는다.

2. 「일주일에 ○번」은, 「週(しゅう)○回(かい)」로 번역하는 것이 관용적이다.

⇨ わが家族は週一回外食(がいしょく)をしている。
(우리 가족은 일주일에 한 번 외식을 하고 있다.)

한국어문 065 교수식당은 지상 3층에 있고 우체국은 학생회관 지하 1층에 있습니다.

번역 教授食堂(きょうじゅしょくどう)は地上三階(ちじょうさんがい)にあって郵便局(ゆうびんきょく)は学生会館(かいかん)の地下一階(ちかいっかい)にあります。

주요용법

「층」은, 「層(そう)」으로 쓰지 않고 「階(かい)」를 사용하는데 주의하자.

한국어문 066 야구는 9회말 투 아웃까지 승부를 알 수 없습니다.

번역 野球(やきゅう)は九回裏(うら)ツーアウトまで勝負(しょうぶ)が分かりません。

■ 주요용법

야구용어는 한국이나 일본이나 큰 차이가 없지만, 틀리기 쉬운 예로 「~회초」「~회말」은 일본에서는 「~回初」「~回末」이 아니라 「~回裏(かいうら)」「~回表(かいおもて)」라고 한다.

⇨ まだ負(ま)けたわけではない。九回裏の攻撃(こうげき)が残(のこ)っているんだからがんばろう。
(아직 진 것은 아니야! 9회 말 공격이 남아 있으니까 힘내!)

2. 부사

한국어문 067 선생님, 그 동안 별고 없으신지요. 저는 변함없이 건강하게 잘 있습니다.

번역 先生、その後(ご)お変(か)わりございませんか。私は相変(あいか)わらず元気です。

■ 주요용법

「그 동안」이라는 말은, 일본어로 「その後(ご)」나 「その

間(あいだ)」를 사용하는데, 「その後」는 특히 꼬집어서 언제부터라는 뜻이 없이 사용되며, 「その間」는 「休みの間」「留守(るす)の間」등과 같이 구체적인 기간이 있을 경우에 사용된다. 여기서는 「その後」가 적합하다.

⇨ 久(ひさ)しくお目にかかっておりませんが、その後お変わりございませんか。
(오래 동안 뵙지 못하고 있습니다만, 그 후 별고 없으신지요?)

⇨ 彼はその間の沈黙(ちんもく)を破(やぶ)って口を開(ひら)いた。
(그는 그 동안의 침묵을 깨뜨리고 입을 열었다.)

한국어문 068 설악산에는 한 번도 가 본 적이 없습니다. 어머니와 함께 꼭 가고 싶습니다.

번역 雪嶽山(ソラクサン)には一度も行ったことがありません。母と一緒に**ぜひ**行き**たい**です。

주요용법

「꼭」은, 「ぜひ」「きっと」「かならず」로 대체된다. 그러나 단언적이면서 강하게 희망을 표현할 때는 「きっと」「かならず」를 사용하는 것보다, 「ぜひ～たい」를 사용하면 일본어답다. 그러나 부정적인 표현에는 사용하지 않는다.

⇨ 別(わか)れてもぜひおあいしたい。
(헤어졌지만 꼭 만나고 싶다.)

⇨ 皆さんはぜひ世(よ)の中(なか)の役(やく)に立(た)つよう

な人間になってもらいたいものだと思います。
(여러분들은 꼭 이 세상에서 유용한 인간이 되도록 바라고 싶습니다.)

⇨ ぜひ話さないでください。(×)

한국어문 069 **졸업여행 출발하는 날 아침, 비가 왔기 때문에 많이 걱정했습니다.**

번역 卒業旅行(そつぎょうりょこう)に出発(しゅっぱつ)する日の朝、雨が降ったので**非常(ひじょう)に**心配(しんぱい)しました。

주요용법

여기의 「많이」는, 「非常(ひじょう)に」「大変(たいへん)」등을 사용하면 일본어답다. 그것은 「心配する」「あぶない」「悪い」등과 같이 수량 의식이 포함되어 있는 서술어에 호응하는 부사는, 「非常に」「大変」「とても」「すごく」등을 사용하면 일본어답다. 그러나 「たくさん」은 한국어식이어서 오용표현이 된다.

⇨ 몸 상태가 많이 나쁩니다.
- 体の状態が非常に悪いです。 (○)
- 体の状態が大変悪いです。 (○)
- 体の状態がとても悪です。 (○)
- 体の状態がすごく悪いです。 (○)
- 体の状態がたくさん悪いです。(×)

한국어문 070 올 여름방학 동안, 나는 태어나서 <u>처음으로</u> 나 <u>스스로</u> 아르바이트하여 돈을 벌었습니다.

번역 今度の夏休みの間、私は生(う)まれてから<u>初(はじ)めて</u>自分でアルバイトしてお金を儲(もう)けました。

주요용법

「初(はじ)めて」는, 「처음(으로)」 「비로소」의 의미로 된다. 지금까지 없었던 일로 이번이 첫 번째의 경험을 표현할 때 쓰며(= for the first time), 「初めに」는, 「무엇보다 먼저」(=「なによりも前に」) 「우선 먼저」(=「まず先に」)라는 순서로서의 의미로 사용된다(= first, in the beginning).

⇨ こんなにおいしいケーキは<u>初めて</u>よ。
(이렇게 맛있는 케이크는 처음이야.)

⇨ 沖縄生まれの絵里子はきのう生まれて<u>初めて</u>雪をみたそうだ。
(오키나와 태생의 에리코는 어제 태어나서 처음으로 눈을 봤다고 한다.)

⇨ 病気になって<u>はじめて</u>健康(けんこう)のありがたさがわかる。
(병이 들고서야 비로소 건강의 고마움을 안다.)

⇨ 子(こ)を持(も)って<u>初めて</u>知る親(おや)の恩(おん)。
(자식을 갖고서야 비로소 아는 부모의 은혜.)

⇨ お祖父(じい)さんは<u>初めに</u>散歩に出かけた。
(할아버지는 먼저 산책하러 나갔다.)

⇨ その火事(かじ)に<u>初めに</u>気がついたのは、わが家(や)の犬だった。
(그 화재를 제일 먼저 알아차린 것은 우리 집 개였다.)

한국어문 071 김 강철군은 2학기에도 <u>계속</u> 과대표를 맡기로 했다.

번역 金強哲君(キムカンチョルくん)は二学期も<u>**ひき続(つづ)き**</u>幹事長(かんじちょう)をすることになった。

■ 주요용법

❶ 「계속」은, 「継続」「続けて」로 하면 한국어식 일본어이다. 「ひき続(つづ)き」나 「今後(こんご)とも」를 쓰자. 유사한 표현으로 「続(つづ)いて」가 있으나 용법이 다름을 주의하자.

⇨ <u>ひきつづき</u>12チャンネルをごらんください。
(계속 12채널을 봐주십시오.)

⇨ <u>ひき続き</u>ご指導(しどう)とご鞭撻(べんたつ)をお願(ねが)いいたします。
(계속 지도와 편달을 부탁드립니다.)

⇨ <u>引き続き</u>ニュースです。
((TV에서) 계속해서 뉴스입니다 → 현재도 뉴스, 다음도 뉴스)

⇨ <u>続いて</u>ニュースです。
(계속해서 뉴스입니다 → 현재는 뉴스 이외의 것, 다음은 뉴스)

⇨ <u>今後とも</u>なにとぞよろしくお願い申し上げます。
(앞으로도 계속 잘 부탁드립니다.)

❷ 우리 대학에서의 「과대표」는, 일본 대학에서는 「幹事長(かんじちょう)」나 「クラス委員(いいん)」에 대응한다. 그리고 졸업식 때 학생 대표로 졸업장을 수여받는 학생을 「総代(そうだい)」라고 부른다.

3. 동사

한국어문 072 저는 여름방학 동안 누님이 있는 강릉에서 지냈습니다.

번역 私は夏休(なつやす)みの間(あいだ)、姉(あね)がいる江陵(カンルン)で過(す)ごしました。

주요용법

1. 「ねえさん」은, 「あね」의 존경어이다. 자기 측 가족이나 집단의 손윗사람을 타인에게 이야기할 때는 경어를 사용하지 않고 보통어(常体)를 사용한다.

2. 「있다」라는 한국어는, 일본어로 「ある」와 「いる」로 대체된다. 문제는 「ある」「いる」의 구별 사용법이다.

＊「ある」와「いる」의 구별

(1) 기본적으로 무생물이나 자력으로 움직일 수 없는 사물 「石」「たばこ」등이 주체가 될 대 「ある」를 사용하고, 그렇지 못한 경우 즉, 「牛」「子供」등이 주체가 될 때는 「いる」를 사용한다.

⇨ ペスパインダ号(ごう)の前に大きな石がある。
(「페스파인더」호 앞에 큰 돌이 있다.)

(2) 좀 더 구체적으로 설명하면, 스스로의 능력・의지・책임에 따르지 않고 외부로 부터 작용된 결과나 자체적으로 존재할 수 있는 주체에 대하여는 「ある」를 사용하며, 거기에 비하여 그렇지 못한 경우에는 「いる」를 사용한다. 다시 말하면, 피동적이라 생각되면 「ある」를, 능동적이라

생각되면「いる」를 쓰면 된다.

⇨「うちの店には今日入ったどじょうが<u>あり</u>ます。」

(상품 광고 내용 -- 피동)

(「우리 가게에는 오늘 들어온 미꾸라지가 있습니다.」)

⇨ 魚屋(さかなや)へ子供が走ってきた。「どじょうが<u>いる</u>!」と叫(さけ)んだ。 (주체적인 움직임 -- 능동)

(생선 가게에 아이가 달려왔다.「미꾸라지 있어!」라고 외쳤다.)

(3)「객관적이면서 추상적으로」 그 존재를 생각하며 주체에 대하여 인격이나 생활성을 생각하지 않고 사용할 때에는「ある」를 쓴다.

⇨ むかしむかしある所(ところ)にお祖父(じい)さんとお祖母(ばあ)さんが<u>あり</u>ました。

(옛날 옛날 어느 곳에 할아버지와 할머니가 있었습니다.)

(4) 주체가「존재(存在)」를 나타내지 않고「소유(所有)의 유무(有無)」를 나타낼 때,「いる」의 사용법이라 하더라도「ある」를 사용한다.

⇨ 私には親しい友だちが<u>ある</u>。

(나에게는 친한 친구가 있다.)

⇨ 私のうちにかわいい猫(ねこ)が<u>あり</u>ます。

(제 집에는 귀여운 고양이가 있습니다.)

한국어문 073 옆에 아무도 <u>**없다**</u>고 해서 다른 사람의 악담을 해서는 안 된다.

번역 そばにだれも<u>**いない**</u>としても人の悪口(わるくち)を言ってはいけない。

■ 주요용법

❶ 여기서 「아무도」라는 인칭대명사가 있으므로 주체는 「사람」이다. 「いる」를 쓰면 되는데 「없다」의 표현은 「있지 않다」로 생각하여 번역하면 된다. 「いる+ない」 → 「いない」로 된다.

❷ 「ある」의 부정형은 「あらない」가 아니라 「ない」로만 사용된다. 그러나 「いる」는 「いない」로 써야한다.

⇨ 健康(けんこう)がなければお金もない。
(건강이 없으면 돈도 없다.)

⇨ この池には水がない。
(이 연못에는 물이 없다.)

⇨ 今応接間(おうせつま)にはお客さんがいない。
(지금 응접실에는 손님이 없다.)

한국어문 074 나는 선생님의 이야기를 듣고 이 문제의 해결책을 깊이 생각했다.

번역 わたしは先生のお話を聞いてこの問題の解決策(かいけつさく)を深(ふか)く考(かんが)えた。

■ 주요용법

한국어로 「생각하다」라는 말은, 일본어에는 「思う」와 「考える」로 나타낼 수 있다. 마음속으로 생각하면 「思う」(= think), 머릿속으로 생각하면 「考える」(= think about)로 표현하면 된다.

⇨ この事件(じけん)はとても悲(かな)しいと思う。
(이 사건은 매우 슬프다고 생각한다.)

⇨ この数学(すうがく)の問題をじっくり考えて解(と)いた。
(이 수학 문제를 곰곰이 생각하여 풀었다.)

한국어문 075 저는 아버지, 어머니 그리고 누나 넷이서 **살고** 있습니다.

번역 わたしは父、母そして姉と四人(よにん)で**暮(く)らし**ています。

■ 주요용법

한국어의 「살다」는, 일본어에서는 「住(す)む」「生(い)きる」「暮(く)らす」「泊(とま)る」와 같은 유의어가 있다. 장소를 정하여 살고 있을 때는 「住む」로 쓰고, 죽지 않고 생명이 있는 경우에 「生きる」를 쓴다. 그리고 하루하루 생활하고 보낸다는 의미일 때는 「暮らす」를 사용하면 된다. 이것과는 좀 다르지만 「泊る」는 말 그대로 「하루 밤 묵는다」는 의미가 강하다.

⇨ かれは95さいまで生きた。〔長生(ながい)き〕
(그는 95세까지 살았다.)
⇨ 私のおじはロスに住んでいる。
(나의 삼촌은 로스앤젤레스에 살고 있다.)
⇨ 1か月5万円にはとても暮らせない。
(1개월에 5만 엔으로는 도저히 살 수 없다.)
⇨ 社長は今プラザホテルに泊っております。
(사장님은 지금 프라자호텔에 묵고 있습니다.)

한국어문 076 지난 겨울에는 가족과 함께 '정자'의 조용한 바다를 찾았습니다.

번역 昨年(さくねん)の冬には家族といっしょに'亭子'(ジョンザ)の静(しず)かな海を**訪(おとず)れ**ました。

주요용법

한국어로「찾다」는, 일본어에서는「引(ひ)く」「探(さが)す」「訪(おとず)れる」「尋(たず)ねる」라는 대응어가 있다.

「引く」는 모르는 말을「사전에서 찾는다」라는 의미이고,「探す」는 잃어버린 물건이나, 필요한 것을 찾기 위하여 여기저기 찾아보기도 하고 다른 사람에게 물어보는 의미가 강하다. 또한「訪れる」는 용무가 있어서 지정된 어느 장소에 가거나 오는 것을 뜻한다. 특히 관광객이 명승지를 찾아 올 때 많이 사용한다.「尋ねる」는, 위의「訪れる」의 의미를 포함하며 모르는 사실을 그 사람에게 묻거나(= 聞く), 거처를 모르는 사람이나 먼저 간 사람의 흔적을 찾아보는 것(= 探しもとめる), 또는 과거의 일들을 조사해 보는 것(= しらべる) 등에 사용된다.

⇨ 漢字(かんじ)の多い日本語の新聞は漢和辞典(かんわじてん)を引きながら勉強する。
(한자가 많은 일본어 신문은 한화사전을 찾으면서 공부한다.)

⇨ 日本へ行く前に金教授(きょうじゅ)の研究室(けんきゅうしつ)を訪れました。
(일본에 가기 전에 김 교수님의 연구실을 찾았습니다.)

⇨ 一団(いちだん)の観光客(かんこうきゃく)は慶州を訪れた。
(일단의 관광객은 경주를 찾았다.)

⇨ 祖父(そふ)はテレビを見ながら笑(わら)っている兄に、訳(わけ)を尋ねた。
(할아버지는 TV를 보면서 웃고 있는 형에게 이유를 물었다.)

⇨ 財布(さいふ)をどこかに置(お)き忘(わす)れ、家の中を捜し回(まわ)ったが見当(みあた)らなかった。
(지갑을 어디에 놓아두었는지 집안을 온통 찾았지만 발견되지 않았다.)

⇨ その歴史家(れきしか)は百済(くだら)の由来(ゆらい)を尋ねた。
(그 역사가는 백제의 유래를 찾았다.)

⇨ 過(す)ぎ去(さ)った歴史(れきし)が将来(しょうらい)へ導(みちび)く指針(ししん)になるというたとえが「古(ふる)きをたずねて新(あたら)しきを知る」だ。
(지나간 역사가 장래를 이끌어 주는 지침이 된다는 비유의 말은 「옛 것을 조사하여 새로운 것을 안다」는 것이다.)

한국어문 077 **대학 1학년 때는 일본어가 어려운지 어떤지 알지 못했습니다. 2학년이 되니까 점점 어려워지는 것 같아요.**

번역 大学(だいがく)の一年生の時は日本語がむずかしいかどうか**分かり**ませんでした。二年生になると段々(だんだん)むずかしくなるようですね。

주요용법

우리말에 「알다」라는 말이 있다. 일본어로 「知(し)る」 「分(わ)かる」로 대체된다. 같은 의미로 쓰일 수도 있지만 대개 「知る」는, 어떤 사항을 두뇌로 파악하는 작용이나 행위를 말하는데 사용한다. 즉, 외부의 사항에 대한 지식을 획득한다(= know)는 말이며, 「分かる」는, 어떤 사항의 내용, 성질의 의미 등을 들어 뜻을 파악하여 이해하는 것(= understand)을 말한다.

가. **知る** (5단, 他v) [外国人の為の基本語用例辞典]

(1) 존재나 상태 등을 알다. (= 存在やありさまなどが分る)

⇨ 雨が降っているのを知らなかった。
(비가 내리고 있는 것을 알지 못했다.)

(2) 사물의 진정한 의미나 가치를 이해하다. (= 物のほんとうの意味や価値を理解する)

⇨ 敵(てき)を知り、おのれ(= 自分)を知る。〔孫子兵法(そんしへいほう)〕
(적을 알고 자기를 안다.)

(3) 잊어버리지 않고 기억하고 있는 모습. (= わすれないでおぼえているようす)

⇨ 酒を飲んでよっていたので、ゆうべのことは何も知らない。
(술을 마셔 취했기 때문에 엊저녁 일은 아무것도 모른다.)

(4) 알아차리다. (気がつく)

⇨ まだだれも知らないらしい。
(아직 아무도 모르는 것 같다.)

나. **分かる** (自v)

(1) 어떤 것이 무엇인지 알다. (= あるものが何であるかを知る)

⇨ 私はこのことばの意味が分かりません。
(나는 이 말의 의미를 모르겠습니다.)

(2) 어떤 것을 다른 것에서 보아 확실히 분간하여 알다.(= あるものをほかのものからはっきり分けて知る)

⇨ その人がよいか悪いかはその友だちによって分かる。
(그 사람이 좋은지 나쁜지는 그 친구에 의해서 알 수 있다.)

(3) 모든 사람이 확실히 알게끔 되다. (= みんながはっきりと知るようになる)

⇨ この試験の成績(せいせき)はいつ分かりますか。
(이 시험의 성적은 언제 알 수 있습니까?)

한국어문 078 **산 속 홍류 폭포를 보고 돌아오는 길에, 주막에서 막걸리를 먹었습니다.**

번역 山の中の紅流瀑布(ホンリュウばくふ)を見て帰りがけに、村(むら)の宿屋(やどや)でマッコリを**飲み**ました。

주요용법

❶ 막걸리를 「먹다」는, 「食(た)べる」가 아니고 「飲(の)む」로 쓴다. 물 종류는 대부분 「のむ」를 쓰는데 약을 먹을 때도 마찬가지이다. 최근 일본에서도 많이 알려진 한국의 전통주 「막걸리」는 「マッコリ」로 고유명사로 표기하는데 굳이 일어역하여 바꾼다면 「濁酒(どぶろく)」 「にごりざけ」로 표현할 수 있다.

⇨ 風邪薬(かぜぐすり)を飲んで治(なお)りました。

(감기약을 먹고 나왔습니다.)

⇨ みなさん、'マッコリ'というお酒をご存(ぞん)じですか。簡単(かんたん)に言うとお米(こめ)を発酵(はっこう)させてつくる'にごり酒(ざけ)'。韓国では昔(むかし)から農民(のうみん)を中心に庶民(しょみん)のお酒としてさかんに飲まれていたらしく、現在(げんざい)でも若(わか)い人から年寄(としよ)りまで、みんなよく飲んでます。[マッコリ expo]
(여러분, '막걸리'라고 하는 술을 아시는지요? 간단히 말하면 쌀을 발효시켜 만드는 '탁주'. 한국에서는 옛날부터 농민을 중심으로 서민의 술로 많이 마셔왔고, 현재도 젊은 사람에서부터 노인까지 모두들 즐겨 마시고 있습니다.)

❷ 「V用+がけに」와 같이 V의 연용형에 붙어서 「~하는 도중에」 「~하는 길에」라는 뜻으로 사용된다. 또는 「~帰る途中(とちゅう)に」 「~帰る道(みち)に」로 사용해도 무방하다.

⇨ 帰りがけに研究室に寄(よ)ってくれ。
(돌아가는 길에 연구실에 들려 줘.)

❸ 「주막」은, 일어에서는 「酒幕」으로 쓰지 않는다. 「宿屋(やどや)」(술집 겸 여관)나 「路傍(ろぼう)の居酒屋(いざかや)」 「居酒屋」로 하자.

한국어문 079 미국에 있는 친척아이가 울산에 와서 저의 집에 묵었는데, 나의 서투른 영어실력으로는 말이 **통하**지 않았습니다.

번역 アメリカにいる親戚(しんせき)の子供がウルサンへ来てわたしのうちに泊(と)まったのに、わたしの下手(へた)な英語の実力(じつりょく)では話が**通(つう)じ**ませんでした。

■ 주요용법

「통하다」는, 「通(とお)る」보다 「通(つう)じる」를 사용해야 한다. 왜냐하면, 「通る」는 「전후의 관계가, 틀리지 않고 확실하게 안다」는 의미이고, 「通じる」는 「화자가 말하고 있는 것을 상대방이 이해한다」는 의미이다.

가. **通(とお)る** 〔外国人の為の基本語用例辞典〕

(1) 길을 지나쳐 가다. (= 道を過ぎて行く)

⇨ この道(みち)は夜は自転車が通らない。
(이 길은 밤에는 자전거가 다니지 못한다.)

(2) 일반인이 잘 알고 있어 널리 알려져 있다. (= 一般にしょうちされ、ひろく知られている)

⇨ 彼女は会社で「おばさん」で通っている。
(그녀는 회사에서 「아줌마」로 통하고 있다.)

(3) 전후의 관계가 틀리지 않고 확실하게 안다. (= 前後の関係は正しく、はっきりわかる)

⇨ この文章はどうも意味が通らないね。
(이 문장은 아무리 해도 뜻을 모르겠다.)

나. 通(つう)じる

(1) 교통・통신으로 어떤 장소와 이어지다. (= 交通・通信で、ある所とつながる)

⇨ 町から村まで、バスが<u>通じ</u>ている。
(도시에서 시골까지 버스가 이어져 있다.)

(2) 사물을 상세히 알다. (= 物事をくわしく知る)

⇨ 朴先生は日本歴史に<u>通じ</u>ている。
(박 선생님은 일본 역사를 잘 알고 있다.)

(3) 상대방이 이쪽에서 말하는 것을 이해하다. (= 相手にこちらの言うことがわかる)

⇨ 私の考(かんが)え方(かた)を正(ただ)しくほかの人に<u>通じ</u>させることはむずかしい。
(내 생각을 다른 사람에게 올바르게 이해시키는 것은 어렵다.)

한국어문 080 타스마니아 섬은 멜보른에서 비행기로 약 한 시간 걸립니다. 이 아름다운 섬은 호주 대륙의 남동쪽에 <u>자리 잡</u>고 있고 <u>세계에서 제일</u> 공기가 깨끗하다고 알려져 있습니다.

번역 タスマニア島はメルボルンから飛行機で約一時間かかります。この新しい島はオーストラリア大陸(たいりく)の南東(なんとう)に<u>位置(いち)し</u>ていて、<u>世界一</u>空気がきれいだと言われています。

■ 주요용법

❶ 「자리(를) 잡다」는, 「席(せき)を取(と)る」가 아니라 「位置(いち)する」로 표현한다. 「席を取る」는 어떠한 장소를 「일시적」으로 사용하는 경우이며, 「영구적」으로 사용하는 경우에는 「位置する」이다.

⇨ 湖(みずうみ)に面(めん)したレストランに入り、わたしたちは見晴(みは)らしのよい席を取った。 --- 일시적
(호수에 접한 레스토랑에 들어가, 우리들은 전망이 좋은 자리를 잡았다.)

⇨ 東洋一(とうよういち)のタワーレコードは東京の渋谷(シブヤ)に位置している。 --- 영구적
(동양 제일의 타워 레코드는 동경의 시부야에 자리 잡고 있다.)

❷ 「세계에서 제일」은, 「世界一」로 번역하면 좋다. 관용적으로 쓰이는 표현이다.

⇨ やっぱり、ママは世界一だ。
(역시 엄마는 세계에서 제일이야.)

⇨ 世界一高い山はエベレスト山である。
(세계에서 제일 높은 산은 에베레스트 산이다.)

한국어문 081 한 여름 밤 산속의 물 <u>흐르는</u> 소리와 매미 <u>우는</u> 소리를 들으면 기분이 좋다.

번역 真夏(まなつ)の夜(よる)、山中(さんちゅう)の水の**<u>流(ながれる</u>**音とせみの**<u>なく</u>**音を聞くといい気持(きもち)だ。

■ 주요용법

「흐르는 소리」「우는 소리」는,「流れるの音」「なくの音」가 아니라「流れる音」「なく音」로 써야 된다. V의 연체수식어 형태로 N앞의「の」는 필요 없다.

⇨ 그녀는 비가 <u>오는 날</u>을 좋아한다.
彼女は雨の<u>降る日</u>が好きだ。

⇨ 눈이 <u>내리는 겨울밤</u>은 고요하다.
雪が<u>降る冬の夜</u>は静かである。

한국어문 082 도시 중심지에 자리 잡고 있는 공업 로터리는 러시아워가 되면 <u>**복잡합**</u>니다.

번역 都市(とし)の中心地(ちゅうしんち)に位置(いち)している工業(こうぎょう)ロータリーはラッシュアワーになると**<u>込(こ)んでい</u>**ます。

■ 주요용법

여기서의 「복잡하다」는, 「혼잡하다」는 의미이다. 「혼잡하다」는, 「混雑(こんざつ)する」「込(こ)む」「込(こ)み合(あ)う」로 번역하는데 「複雑だ」는 한국어식이다. 「込(こ)む」는 「混(こ)む」로도 표기한다.

⇨ 土曜日だというのに、車内(しゃない)は学生で混雑していた。
(토요일인데 차 내는 학생으로 혼잡했다.)

⇨ 休日(きゅうじつ)だというのに電車は込んでいて、ぼくたちは終点(しゅうてん)までずっと立ちっ放(ぱな)しだった。
(휴일인데 전차는 붐벼서 우리들은 종점까지 계속 선 채로 갔다.)

⇨ 日曜日のデパートは、買物客(かいものきゃく)で込み合っていた。
(일요일 백화점은 쇼핑객으로 혼잡했다.)

⇨ 機械(きかい)の構造(こうぞう)は複雑で、素人(しろうと)にはとても手が出(だ)せない。
(기계의 구조는 복잡하고 초보자에게는 도저히 손 쓸 수 없다.)

⇨ この映画は登場人物(とうじょうじんぶつ)が多く、ストーリーも複雑です。
(이 영화는 등장인물이 많고 스토리도 복잡합니다.)

한국어문 083 나이팅게일의 전기(伝記)를 읽고 그 깊은 인류애에 강한 감동을 받았다.

번역 ナイチンゲールの伝記(でんき)を読んで、その深い人類愛(じんるいあい)に強い**感動(かんどう)を受けた**。

주요용법

「감동을 받다」이므로 잘못하면 「感動(かんどう)をもらう」로 쓰기 쉽다. 「받다」에 해당되는 일본어에는 「もらう」「受(う)ける」가 있으므로 이것을 혼동하여 잘못 쓸 수 있다. 여기서는 「受ける」를 쓴다.

⇨ 私が今まで見た映画(えいが)の中で一番(いちばん)感動を受けた映画は「卒業(そつぎょう)」だった。
(내가 지금까지 본 영화중에서 제일 감동을 받은 영화는 「졸업」이었다.)

⇨ 夏休中、ぼくはアルバイトをして、わずかなお金をもらった。
(여름 방학동안 나는 아르바이트를 해서 적으나마 돈을 받았다.) (ぼく ← 他人)

한국어문 084 일본과 같은 선진국에서는 노인에게 많은 일이 주어지고 있다.

번역 日本のような先進国(せんしんこく)では年寄(としよ)りに多くの仕事(しごと)が与(あた)えられている。

주요용법

「주다」에 해당하는 일본어는, 「やる」「あげる」「くれる」「与(あた)える」가 있다. 한국어식으로 「くれる」를 쓰기 쉬우니 주의하자. 여기서는 일반적인 의미로서의 「与える」가 적합하다.

⇨ 私は山田さんに辞引(じびき)をやった。
(나는 야마다씨에게 사전을 주었다.) (私 → 山田)

⇨ 私は山田さんに辞引をあげた。
(나는 야마다씨에게 사전을 드렸다.) (私 → 山田)

⇨ 山田さんは私に辞引をくれた。
(야마다씨는 나에게 사전을 주었다.) (山田 → 私)

⇨ 山田さんに博士号(はかせごう)を与えられた。
(야마다에게 박사학위가 주어졌다.) (일반 의미)

한국어문 085 한자가 적은 일본어 문장은 가나문자로 **계속되**기 때문에 어디가 끝인지 잘 모르겠습니다.

번역 漢字(かんじ)の少(すく)ない日本語の文章(ぶんしょう)は仮名文字(かなもじ)で**続(つづ)いてい**ますから、どこが終(おわ)りかよくわかりません。

주요용법

自v·他v를 구별하지 않고 사용하면, 오용되는 경우가 많다. 여기서는 「続く(自v, 계속되다)」「続ける(他v, 계속하다)」의 구별문제이다.

⇨ 宮崎(みやざき)までは、きれいな道(みち)が続いている。
(미야자키까지는 깨끗한 길이 계속되고 있다.)

⇨ 世界一周(せかいいっしゅう)の長い旅(たび)を続けている。
(세계일주의 긴 여행을 계속하고 있다.)

한국어문 085-1 이 요리 꽤 먹을 만한데.

번역 この料理はなかなか行(い)けるね。

■ 주요용법

음식이 「맛있다」라든가 어떤 일을 「잘 한다」고 하는 표현은 「行ける」로 말한다. 「行ける」는 「行く」의 가능동사이지만 의미가 폭넓게 사용되고 있다.

⇨ ゴルフがかなりいける。
(골프는 잘 해요.)

⇨ きみは、酒のほうはなかなかいける口だそうだね。
(너는, 술은 꽤 잘 마신다고 하던데.)

⇨ ビールならいけます。
(맥주라면 잘 마십니다.)

4. 형용사

한국어문 086 매년 설날이나 추석날에는 친척이 모두 모여 즐겁게 놉니다.

번역 毎年(まいとし)お正月(しょうがつ)や秋夕には親戚(しんせき)が皆(みんな)集(あつ)まって楽(たの)しく遊(あそ)びます。

주요용법

❶ 「설날」은, 「お正月(しょうがつ)」 또는 「元旦(がんたん)」으로 사용되는데 「元旦」이라는 말은 편지나 연하장에 많이 쓰이는 문장체이다.

❷ 「즐겁다」에 해당되는 일본어는, 「嬉(うれ)しい」「楽(たの)しい」「喜(よろこ)ぶ」로 표현된다. 여기에는 뉘앙스의 차이가 분명히 있다.

「うれしい」는, 순간적인 감정이 발생되어 기대대로 어떤 상태가 되어 바람직스럽다는 의미이다. 「たのしい」는, 어떤 사항이 능동적인 것으로 일련의 행위가 복합적인 것에 많이 볼 수 있는데, 그 감정이 밝고 충족한 마음의 상태이므로 만족하여 기쁘다는 뜻이 있다. 그리고 「よろこぶ」는, 화자가 어떤 사항에 대하여 플러스적인 의미로 평가되어 만족스럽게 느끼는 경우이다.

⇨ あなたに会うことができてたいへん嬉しい。
(당신을 만날 수 있어서 대단히 기쁘다.)

⇨ 初めて自転車を買ってもらった日、うれしくて眠(ねむ)れなかった。
(처음으로 자전거를 산 날 기뻐서 잠잘 수 없었다.)

⇨ きのう友だちといっしょに楽しくあそびました。
(어제 친구와 함께 즐겁게 놀았습니다.)

⇨ 家族と話をしているときが一番楽しい。
(가족과 이야기 하고 있을 때가 제일 즐겁다.)

⇨ いっしょうけんめいに勉強して両親を喜ばせなければならない。
(열심히 공부하여 부모님을 기쁘게 해야 된다.)

⇨ '連休(れんきゅう)はどこかに連れて行ってやる'という父の言葉に、弟は小躍(こおど)りして喜んだ。
('연휴에는 어딘가 데려간다'고 하는 아버지의 말씀에 동생은 뛰면서 기뻐했다.)

한국어문 087 일본어문을 한국어로 번역하는데, 한국어에는 조사 생략이 <u>많다</u>. 한일 양국어에 있어서 특이한 차이점이다.

번역 日本語の文を韓国語に翻訳(ほんやく)する(の)には、韓国語では助詞(じょし)を省略(しょうりゃく)することが<u>**多い**</u>。韓日両国語(かんにちりょうこくご)において特異(とくい)な違(ちが)いである。

주요용법

한국어의 A는 「～다」로 표현하지만 일본어의 A는 기본형이 「～い」이므로 주의해야 한다. 「많다」는 「多い」로 표현하면 된다. 잘못하여 「多いだ」로 표현하기 쉬운데 이것은 Av의 기본형 어미 「だ」를 연상하여 잘못 사용하는 경우이다. 실제 번역을 보면 이러한 표현이 허다하게 발견되므로 주의하자.

⇨ 춥다 → さむい (○) さむい<u>だ</u> (×)
선선하다 → すずしい (○) すずしい<u>だ</u> (×)

한국어문 088 일본어는 세계의 모든 외국어 중에서 가장 <u>쉽다</u>고 생각하는데, 당신의 견해는 어떻습니까?

번역 日本語は世界(せかい)のあらゆる外国語(がいこくご)の中で一番(いちばん)<u>**易(やさ)しい**</u>と思いますが、あなたのご意見(いけん)はいかがですか。

■ 주요용법

앞과 마찬가지로「易しいだと思う」라고 잘못 사용해서는 안 된다.

한국어문 088-1 요즘 나는 귀가 먹었는지 잘 들리지 않는다.

번역 この頃、少し耳(みみ)が遠(とお)くなったのか、よく聞こえない。

■ 주요용법

「귀가 먹다」는 그대로 직역하지 않는다. 「耳(みみ)がよく聞(き)こえない」라는 의미로 「耳が遠(とお)い」나 「耳が遠くなる」라는 표현으로 번역한다.

⇨ 人は年をとれば、いつかは耳が遠くなる。
(사람은 나이가 들면 언젠가 귀가 먹는다.)

5. 형용동사

한국어문 089 한국인과 일본인은 같은 동양인이기 때문에 비슷한 풍습도 많이 있습니다.

번역 韓国人(かんこくじん)と日本人(にほんじん)は同じ東洋人(とうようじん)なので、似(に)ている風習(ふうしゅう)もたくさんあります。

■ 주요용법

「같다」는, 「同じだ」라는 Av를 사용하면 된다. Av의 연체형은 「な」이나 「同じだ」의 경우, 연체형 「な」는 사용하지 않으므로 주의해야 된다. (단, 「のに」「ので」「の」에는 「な」가 삽입됨)

⇨ 同じクラス(같은 반)　同じ課目(같은 과목)
同じ民族 (같은 민족)

⇨ 同じなのに。(같은 데도)　同じなので。(같기 때문에)
同じなの。(같아)

⇨ a：チーズバーガーひとつとコーヒーをください。
(치즈버그 하나와 커피를 주십시오.)
b：私にも同じものを。
(저도 같은 걸로.)

한국어문 090 선진국의 미래에 대한 **철저한** 준비에 놀라지 않을 수 없다. 「유비무환」이야말로 너무나 중요한 말이다.

번역 先進国(せんしんこく)の未来(みらい)に対する**徹底的な**(てっていてきな)用意(ようい)に驚(おどろ)かないではいられない。「備(そな)え有(あ)れば憂(うれ)い無(な)し」という言葉(ことば)こそ非常(ひじょう)に大切(たいせつ)な言葉だ。

■ 주요용법

❶ 「철저한」은, 일본어로 직역하면 「徹底(てってい)な」로 된다고 보는데 이렇게 번역하면 오용이다. 「徹底的だ」(Av)

또는 「徹底する」를 사용한다. 한국어의 「～하다」로 구성되는 말은, 「～する」로 고쳐 번역하는 경우가 많지만 그렇게 할 수 없는 경우도 많다. 그 때는 Av의 종지형 「～だ」로 바꾸어야 한다.

⇨ 중요하다 → 重要する(×) 유익하다 → 有益(ゆうえき)する(×)
重要だ(○) 有益だ (○)

⇨ 유명하다 → 有名する(×) 철저하다 → 徹底する (○)
有名だ (○) → 徹底的だ(○)
→ 徹底だ (×)

❷ 「～지 않을 수 없다」는, 「～ないではいられない」 또는 「～ないわけにはいかない」 「～ざるをえない」로 대신할 수 있다.

❸ 「유비무환」은, 「転(ころ)ばぬ先(さき)の杖(つえ)」로도 바꿀 수 있다.

⇨ 転ばぬ先の杖というから、慎重(しんちょう)にいこう。
(넘어지기 전에 지팡이를 짚는다는 말도 있듯이 신중히 대처해 나가자.)

한국어문 091 이제부터 둘이서 힘을 합쳐 원만한 가정을 꾸려가려고 합니다.

번역 これから二人で力(ちから)を合(あ)わせて円満(えんまん)な家庭(かてい)を築(きず)こうと思います。

■ 주요용법

❶ 앞의 Av사용법과 같다. 「원만하다」를 「円満(えんまん)する」로 표현하면 틀린다. 왜냐하면 「えんまんだ」라는 Av이기 때문이다.

⇨ 人は人間関係(にんげんかんけい)が<u>円満で</u>なければならないと思います。
(사람은 인간관계가 원만해야 한다고 생각합니다.)

❷ 「(가정・생활을) 꾸려가다」「쌓아가다」는, 「築(きず)く」로 번역한다.

⇨ 若いお二人には、幸(しあわ)せな明(あか)るい家庭(かてい)を<u>築い</u>ていただきたいと思います。
(젊은 두 사람은 행복한 밝은 가정을 꾸려나가기를 바라고 싶습니다.)

⇨ 平和(へいわ)で豊(ゆたか)な暮(く)らしを<u>築い</u>ていきたいというのは、人類(じんるい)の永遠(えいえん)の願(ねが)いです。
(평화롭고 풍요로운 생활을 쌓아나가고 싶은 것은 인류의 영원한 바람입니다.)

한국어문 092 나는 어릴 때부터 서울에서 자랐기 때문에 고향이라는 말은 **<u>친근하지 않다</u>**.

번역 私は幼(おさな)い時からソウルで育(そだ)ったので、故郷(ふるさと)という言葉には**<u>親近感(しんきんかん)が(もて)ない</u>**。

■ 주요용법

❶ 「ので」는 「~하기 때문에」라는 원인・이유를 나타내는 접속조사이다. 주로 객관적인 사실을 나타내는데 주관적이라면 「から」를 사용한다.

❷ 「친근하지 않다」는, 「親近でない」가 아니라 「親近感が(もて)ない」나 「親(した)しくない」「親近しない」로 쓴다. 「親近だ」라는 Av는 없다. 「親近する」는 「する」V로 취급한다.

한국어문 093 내가 살고 있는 동네는 사람들이 <u>친절해서</u> 살기 좋은 곳이다.

번역 私の住(す)んでいる村(むら)は人々が<u>親切(しんせつ)で</u>住(す)みよい所(ところ)だ。

■ 주요용법

「친절하다」를 「親切する」로 오역할 수 있다. Av「親切(しんせつ)だ」를 활용하여 표현하자.

⇨ <u>親切で</u>同僚(どうりょう)の評判(ひょうばん)も悪くないらしい。
(친절해서 동료의 평가도 나쁘지 않는 것 같다.)

6. 조사

한국어문 094 내가 태어난 곳은 <u>여기서</u> 그다지 멀지 않은 해변가이다.

번역 わたしの生(う)まれた所(ところ)は<u>**ここから**</u>あまり遠(とお)くない海辺(うみべ)だ。

■ 주요용법

「여기서」는, 「ここで」가 아니고 「ここから」를 사용하는 것이 바르다.

⇨ 私のアパートは、<u>ここから</u>歩いていくと10分ぐらいかかる所だ。
(나의 아파트는 여기서 걸어가면 10분 정도 걸리는 곳이다.)

⇨ 確かな形跡(けいせき)はないが、犯人(はんにん)は<u>ここから</u>侵入(しんにゅう)したにちがいない。
(확실한 흔적은 없지만, 범인은 여기서 침입했음에 틀림없다.)

한국어문 095 길모퉁이를 돌아서자 그 차는 속력을 내어, 내 자전거로는 도저히 차<u>를 따라 갈</u> 수 없었다.

번역 角(かど)を曲(ま)がるとその車はスピードをあげ、私の自転車ではとても車<u>**についていく**</u>ことができなかった。

주요용법

「~를 따라가다」는, 「~をつく」가 아니고 「~につく」를 쓴다. 「つく」는 自v이다. 마찬가지로 「적을 이기다」라는 말도 「を」를 쓰지 않고 「敵(てき)に勝(か)つ」와 같이 「に」조사를 사용한다.

⇨ ひとに勝(か)つより、己(おのれ)に勝て。
(다른 사람을 이기기보다 자기 자신을 이겨라.)

한국어문 096 일본은 지리적으로 보아 우리나라와 제일 가깝지만 정신적으로는 먼 나라로 느껴진다.

번역 日本は**地理的(ちりてき)に**みてわが国といちばん近(ちか)いが精神的(せいしんてき)には遠(とお)い国のように感(かん)じられる。

주요용법

「지리적으로」는, 「地理的(ちりてき)に」로 쓴다. 잘못하여 「地理的で」로 쓰지 않도록 하자. 이와 유사한 예로, 「日本語に直(なお)す」(일본어로 고치다) 「三つに分(わ)ける」(세 개로 나누다)를 들 수 있다.

⇨ 次の韓国語文(ぶん)をよく読んで下線(かせん)の部分(ぶぶん)を日本語に直しなさい。
(다음의 한국어문을 잘 읽고 밑줄 친 부분을 일본어로 고치시오.)

⇨ 本文(ほんぶん)を三つに分けた場合(ばあい)、各段落(かくだんらく)はどんなことを述べているか考えなさい。
(본문을 세 개로 나눈 경우, 각 단락은 어떤 것을 서술하

고 있는지 생각해 보세요.)

한국어문 097 <u>고등학교 때</u> 일본어를 제2외국어로 배운 적이 있다. 그래서 대학입시 때 선택과목으로 했다.

번역 <u>高校(こうこう)の頃(ごろ)</u>日本語を第二外国語(だいにがいこくご)として習(なら)ったことがある。それで大学入試(だいがくにゅうし)の時、選択課目(せんたくかもく)にした。

■ 주요용법

❶ 일본어의 「の」에 여러 가지 의미 용법이 있는 것은 주지의 사실이다. 「고등학교 때」는 「高校(こうこう)の頃」로 하여 「の」가 필요하다. [〈문형-3-1〉 참조]

⇨ 올 여름방학 -- 今年の夏休み
여름방학 동안 -- 夏休みの間
버스 안 -- バスの中
이번 여행 -- 今度の旅行

❷ 「～한 적이 있다」는, 과거의 경험을 나타내는 중요한 용법이다. 「～たことがある」로 표현하자. [〈문형-12〉 참조]

❸ 「～로」는, 자격・입장을 나타내므로 「～として」로 한다.

⇨ 彼の作品(さくひん)<u>として</u>は、あまり出来(でき)の良いものとは言えない。
(그의 작품으로서는, 그다지 좋은 작품이라고는 말할 수 없다.)

한국어문 098 우리 속담에 「<u>낮말</u>은 새가 듣고 <u>밤말</u>은 쥐가 듣는다」는 말이 있다.

번역 我(わ)が諺(ことわざ)に「**<u>昼(ひる)のことば</u>**は鳥が聞き、**<u>夜(よる)のことば</u>**はねずみが聞く」という言葉(ことば)がある。

주요용법

① 「낮말」「밤말」은, 「昼ことば」「夜ことば」가 아니라 「昼のことば」「夜のこどば」로 쓴다.

② 위의 표현 이외에도 「壁(かべ)に耳(みみ)あり」(벽에도 귀가 있다)라 하여 간단히 사용하는 말도 있다.

⇨ 母　: お父さん、これ、清(きよし)ちゃんに見つかるといけないから、ここにおきますよ。
(여보, 이거 키요시한테 들키면 안 되니까, 여기에 둘게요.)

清(きよし): <u>壁に耳あり</u>だよ。聞いてしまった!
(벽에도 귀 있어. 다 들었어!)

한국어문 099 이 공장에서는 외국인의 눈을 끌 <u>정도로</u> 훌륭한 기술로 제품을 만들고 있습니다.

번역 この工場(こうじょう)では外国人の目をひく**<u>ほど</u>**立派(りっぱ)な技術(ぎじゅつ)で製品(せいひん)を作(つく)っています。

■ 주요용법

「정도로」는, 「ほど」 「ばかり」 「ぐらい」로 번역하는데 약간 뉘앙스가 다르다.

⇨ 病気で三日ほど(＝ばかり, ＝ぐらい)学校に来(こ)なかった。 … 수량
(몸이 아파 3일 정도 학교에 오지 못했다.)

⇨ 今朝は足がいたくなるほど(≠ばかり, ＝ぐらい)走った。 … 동작・상태
(오늘 아침에는 다리가 아플 정도로 달렸다.)

7. 연체사 · 조동사

한국어문 100 어느 날 어느 때의 경험을 상세히 써 두면, 자기의 생활을 되돌아 볼 수 있습니다.

번역 ある日ある時の経験(けいけん)を詳(くわ)しくて書いてみると、自分の生活が見直(みなお)されるものです。

■ 주요용법

「어느 날」은, 직역하면 「どの日」가 되지만 그렇게 번역하면 일본어에서는 의미가 다르게 사용된다. 「ある日」로 번역하자. 「どの」는 많은 것 중에서 하나를 선택하는 의미로 사용되며, 「ある」는 연체사로 확실하지 않은 것을 가리키던가 아니면 특정한 일을 결정하지 못하고서 말할 때 사용된다.

⇨ 私はある程度(ていど)、クラシック音楽にかんしんをもっている。
(나는 어느 정도 클래식 음악에 관심을 갖고 있다.)

⇨ 幼(おさな)い頃(ころ)、ある日、村(むら)の友達と一緒に海辺(うみべ)へ貝(かい)を拾(ひろ)いに行った。
(어릴 적, 어느 날 마을 친구들과 함께 바닷가에 조개를 주우러 갔다.)

⇨ 彼女(かのじょ)のお父さんはソウルのある女子大学の総長(そうちょう)として勤(つと)めています。
(그녀의 아버지는 서울의 어느 여대의 총장으로 있습니다.)

한국어문 101 나는 회원은 아니지만 통도사의 수련회에 참가해서 불교를 공부했습니다.

번역 私は会員(かいいん)**ではない**けど、通度寺(トンドサ)の修錬会(しゅうれんかい)に参加(さんか)して仏教(ぶっきょう)を勉強しました。

주요용법

「～은 (이, 가) 아니다」는, 「～で(は)ない」로 쓴다. 잘못하여 「～はない」로 쓰는 경우가 많으므로 주의하자.

⇨ 私の生まれた所は京都(キョウト)だが、育(そだ)ったのは京都ではない。
(내가 태어난 곳은 교토이지만 자란 곳은 교토가 아니다.)

B

경어(敬語)

한국어문 102 배가 고파서 친구와 함께 맛있게 <u>밥</u>을 먹었습니다.

번역 おなかがすいて友達と一緒においしく<u>ご飯(はん)</u>を食べました。

■ 주요용법

「ご飯」은,「めし」의 美化語로 볼 수 있다. 일본어에는「お」「ご」를 접두어로 붙여, 尊敬語 이외에도 美化語로서 사용하는 관습적인 말도 많다. 특히 여성과 관계되는 어휘에 많이 사용된다.「お」「ご」의 사용방법은, 대체적으로「お+和語」「ご+漢語」의 기준에 따라 사용된다.

⇨ <u>お</u>さら(접시), <u>お</u>ぼん(쟁반), <u>お</u>しぼり(물수건), <u>お</u>でき(종기), <u>お</u>やつ(간식), <u>お</u>にぎり(주먹밥), <u>ご</u>飯(はん)(밥) … 미화어
<u>お</u>いくつ(연세), <u>お</u>たんじょうび(생신), <u>ご</u>両親(りょうしん)(부모님), <u>ご</u>静聴(せいちょう)(경청) … 존경어

한국어문 103 저의 가족은 여덟 명인데 **할머님, 아버님, 어머님** 외 **형님** 두 사람, 남동생 한 사람, 여동생 한 사람입니다.

번역 私の家族(かぞく)は八人で**祖母(そぼ)、父(ちち)、母(はは)**のほか**兄(あに)**が二人と弟(おとうと)が一人と妹(いもうと)が一人です。

주요용법

화자 측의 가족, 단체 소속의 사람을 상대에게 이야기할 때 경어를 사용하지 않는다. 한국어와 다르게 표현함을 주의하자.

⇨ 아버님 → 父(ちち)　어머님 → 母(はは)
사장님 → 社長(しゃちょう)　부장님 → 部長(ぶちょう)

C

관용구

한국어문 104 지난 여름방학의 농촌활동은 마을 사람들에게 많은 <u>도움이 되</u>었다고 생각합니다.

번역 さる夏休みの農村活動(のうそんかつどう)はその地方(ちほう)の人々(ひとびと)に非常(ひじょう)に<u>役(やく)に立(た)っ</u>たと思います。

주요용법

「도움이 되다」를, 「助(たす)けになる」로 표현하면 오용이다. 「助け」는, 「助ける」의 N형인데 「위험한 경우나 죽음으로부터 구해준다(= save)」는 의미로 사용될 뿐 아니라, 「남의 일을 도와줄 때(= help)」도 사용되는 말이다. 그래서 「도움이 되다」는 말은, 「有用(ゆうよう)だ」 또는 「사용하여 그 가치가 있다」라는 의미로 「役(やく)に立(た)つ」 또는 「役立(やくだ)つ」(= be useful)를 사용한다.

⇨ 「<u>助け</u>て!」「<u>助け</u>て!」と叫(さけ)びました。

(「살려줘요!」「살려줘요!」라고 소리쳤습니다.)

⇨ なによりも社会(しゃかい)の為に役に立つ人間にならなければならない。

(무엇보다 사회를 위하여 유용한 인간이 되지 않으면 안 된다.)

한국어문 105 올 여름방학이 시작되기 전에 많은 계획을 세웠지만 계획대로 잘 되지 않았습니다.

번역 今度の夏休(やす)みが始まる前に多くの計画(けいかく)を立てましたけれども、計画の通(とお)り**うまくいき**ませんでした。

■ 주요용법

❶ 「けれども」는 활용형의 종지형에 붙어서 「が」와 마찬가지로 「~이지만」「~하지만」이라는 역접의 뜻을 가진다.

❷ 「잘 되다」는, 자칫 잘못하여 한국어식으로 「よくなる」로 쓰기 쉽다. 「うまくいく」 또는 「よくできる」를 사용하자.

⇨ うまくいけば、この秋にはまた旅行ができるかもしれません。

(일이 잘 되면 이번 가을에 또 여행이 가능할지 모르겠습니다.)

⇨ お母さん、ぼくのほうは万事(ばんじ)うまくいっていますので、安心してください。

(엄마, 내 쪽은 모든 일이 잘 되고 있으니 안심해 주십시오.)

한국어문 106 이번 졸업여행에서는 친구들과 같이 <u>노래 부를</u> 시간이 없었다.

번역 今度の卒業旅行(そつぎょうりょこう)では友達(ともだち)といっしょに<u>**歌(うた)を歌(うた)う**</u>時間がなかった。

■ 주요용법

❶ 이 문제의 「노래 부르다」는, 「歌をする」또는 「歌を呼(よ)ぶ」로 쓰기 쉽다. 「歌(うた)を歌(うた)う」로 쓰는데 주의하자. 「춤을 추다」도, 「踊(おど)りを踊(おど)る」로 한다.

⇨ サンバの<u>踊りを踊り</u>ながら行進(こうしん)する。
(삼바 춤을 추면서 행진한다)

❷ 「친구들」은, 「友達たち」로 쓰면 오용이다. 「友達」자체에 복수 개념이 들어있는 말이기 때문이다. 현대 일본어에서는 단・복수의 개념이 함께 사용되고 있으므로 주의해야 한다.

⇨ 私の親(した)しい<u>友達</u>は田中さんだ。 … 단수
(나의 친한 친구는 다나카씨이다.)

⇨ この教室にいる学生達はみんな私の<u>友達</u>だ。 … 복수
(이 교실에 있는 학생들은 모두 나의 친구들이다.)

한국어문 107 3학년이 되기 전에, 열심히 공부해서 빨리 일본어를 **잘하**고 싶습니다.

번역 三年生になる前に、一生懸命(いっしょうけんめい)に勉強して、早(はや)く日本語が**よくできる**ようになりたいです。

주요용법

❶ 「잘하다」는, 「よくできる」「上手になる」로 하자. 잘못하여 「よくする」로 번역하기 쉽다.

⇨ 君は数学(すうがく)はよくできるが、国語(こくご)はいまいちだね。
(그는 수학은 잘 하지만 국어는 좀 못한다.)

❷ 「~을 하고 싶다」는, 「~が~たい」의 형식을 사용하자.

⇨ 今日の試合(しあい)には何(なに)が何(なん)でも勝(か)ちたい。
(오늘 시합에서는 세상없어도 이기고 싶다)

⇨ 彼女がなぜ一人で旅行(りょこう)に出たのか、ぼくはその動機(どうき)が知りたい。
(그녀가 왜 혼자서 여행을 갔는지 나는 그 동기를 알고 싶다)

한국어문 108 오빠! 빨리 **전화 받**아라!

번역 にいちゃん、早く**電話に出(で)**なさい。

■ 주요용법

「전화를 받다」는 「電話を受ける」가 아니다. 「電話に出(で)る」로 「に」조사에 주의하면서 사용하는 것이 바른 표현이다. 교환양이 「손님, 전화가 연결 되었어요」라고 할 때는 「お客(きゃく)さん、お出(で)になりました」라고 표현하기도 한다.

⇨ 電話に出てください。
(전화 받으세요. = Please answer the phone.)

⇨ 母は今電話に出ています。
(어머니는 지금 전화를 받고 있어요.)

한국어문 109 서울의 명동칼국수는 식충이가 울 정도로 맛있다고 합니다.

번역 ソウルの明洞カルクッスは**ほっぺたが落ちるほど**おいしいそうです。

■ 주요용법

「식충이가 울 정도로」는, 「食(く)いしん坊(ぼう)が泣くほど」로 직역하기 쉽다. 「ほっぺ(た)が落ちるほど」(= 볼이 떨어질 정도로)나 「ほっぺたが落ちそうなほど」(= be very delicious)라는 비유표현을 사용하면 된다. 원래 「식충이」는 「食(く)いしん坊(ぼう)」「大飯食(おおめしぐ)い」라고 말하는데 여기서는 관용적으로 사용되고 있다.

⇨ このピザはほっぺたが落ちそうなほどうまい。
(이 피자는 너무나 맛있다.)

⇨ このイチゴは、ほっぺが落ちるほどコクのある味(あじ)わいということから「紅(まる)ほっぺ」と名付(なづ)けられました。〔イチゴCM〕
(이 딸기는, 식충이가 울 정도로 감칠맛이 난다는 것에서 「마르홋뻬」라고 이름이 붙여졌습니다.)

한국어문 110 그는 미인만 좋아해서 아직 독신입니다.

번역 彼は面(めん)食(く)いでまだ独身(どくしん)です。

주요용법

「美人だけ好(す)きで」는 「미인만 좋아해서」의 직역이다. 「面(めん)食(く)い」나 「器量好(きりょうごの)み」라는 비유표현을 사용한다.

⇨ 面食いとは、面(顔)を食(く)う人ということで、顔立(かおだ)ちがよい人ばかりを好(この)む人を意味(いみ)する。
(「멘크이」란, 얼굴을 먹는 사람이란 말로, 얼굴이 잘 생긴 사람만을 좋아하는 사람을 뜻한다.)

⇨ 器量好みでもらった女房(にょうぼう)。
(예쁜 얼굴만 보고 얻은 마누라.)

한국어문 111 제법 폼 나는데. 그래도 아직 부족해.

번역 様(さま)になってるじゃないか。でもまだたりないなあ。

■ 주요용법

「폼 나다」(= 그럴 듯하다) 를 직역하면「フォームになる」이 되는데「様(さま)になる」로 옮기자. 유의표현으로는「格好(かっこう)がつく」라는 관용어도 있다.

⇨ さまになっていないけど、カッコイイよ。
(폼 나지는 않지만 멋진데.)

⇨ 彼の背広姿(せびろすがた)はなかなか様になっている。
(그의 양복 차림은 정말 폼 난다.)

⇨ 部屋に絵(え)があるとぐっと格好がつく。
(방에 그림이 있으면 훨씬 폼 나겠어.)

⇨ 彼が出席(しゅっせき)しないとパーティーはどうも格好がつかないね。
(그가 오지 않으면 파티는 아무래드 폼이 안 나겠는데.)

한국어문 112 그 과목 리포트는 장난 아니다.

번역 その科目のレポートは、半端(はんぱ)じゃなく多いよ。

■ 주요용법

「장난이 아니다」를 직역하면「いたずらじゃない」가 되지만 오용표현이다.「半端(はんぱ)じゃない」로 번역한다. 일본방송에서 자주 아이돌들이「半端(はんぱ)ねえ！」라는 재미있는 표현을 사용하고 있는 것을 본다.「半端じゃない」라는 말에서 발달하였는데 최근에는「半端ねえ」를 축약하여「パネェ」

라고도 말하기도 한다.

즉, 「半端じゃないほど」 → 「半端じゃない」 → 「半端ない」 → 「ハンパネェ」 → 「パネェ」로 발달하고 있다. 이 「パネェ」표현은, 일본의 여자중학생 잡지(= Hanachu) 등에서 자주 볼 수 있는 말인데, 「ぱねぇ」「パねぇ」와 같이 히라가나로 표기하기도 하고 가타가나와 혼용하여 사용하기도 한다.

⇨ ちょっと歩いたら汗(あせ)びしょびしょになっちゃって、半端じゃなく暑かったよ。
(좀 걸으면 땀이 줄줄 흐르고, 장난 아니게 더웠어.)

⇨ パネェぐらいヤバイうちらの友情(ゆうじょう)。(= 私たちの友情は表現できないくらいにすごいもの。)
(장난 아닐 정도로 깊은 우정.)

⇨ そのタレントは監督(かんとく)から「けいこ量(りょう)が半端じゃない」と絶賛(ぜっさん)された。
(그 탤런트는 감독으로부터 「연습량이 장난이 아니야」라고 칭찬받았다.)

한국어문 113 사립과 공립에 **양다리를 걸쳐** 시험을 보았다.

번역 私立(しりつ)と公立(こうりつ)とに**二股(ふたまた)をかける**受験(じゅけん)した。

주요용법

「양다리 걸치다」는 「両足(りょうあし)をかける」로 자칫 직역할 수 있다. 「二股(ふたまた)をかける」라는 관용표현이 있다. 이 표현은 「天びんにかける」 또는 「両天秤(りょうてんびん)にかける」(= 対立する二つのものの両方に関係をつけておき、どちらを選んでも自分に損がないようにする。)라고도 쓴다. 그리고 뉘앙스는 다르지만 「日和見(ひよりみ)する」(= 有利なほうにつこうと、形勢をうかがうこと。형세를 보아 유리한 쪽에 붙으려고 분명한 태도를 보이지 않음. 기회를 엿봄) 라는 말도 있다.

⇨ 二またをかけるのはお断(ことわ)りだ。
(양다리 걸치는 것은 거절이다. = No double-dealing!)
⇨ それはあやしいね。二股をかけるってこと?
(그건 수상한데. 양다리를 걸치고 있다는 거야?)
⇨ 二人(ふたり)を天秤(てんびん)に掛けたままつきあう。
(두 명을 양다리 걸치고 교제한다.)
⇨ いつまでも日和見をしてはいられない。
(언제까지나 기회를 엿보고 있을 수 없다.)

한국어문 114 **사진은 잘 나오지 않**지만 정말 멋진 사진 한 장을 갖고 싶어.

번역 **写真写(しゃしんうつ)りが悪い**けど、奇跡(きせき)の一枚(いちまい)が欲(ほ)しい。

■ 주요용법

「사진이 잘 나오지 않다」는 「写真写(しゃしんうつ)りが悪い」로 표현한다. 직역하여 「写真がよく出(で)ない」를 쓰면 오용이다.

반대로 「사진발이 서다」나 「사진이 잘 나오다」는 「写真写りがいい」로 번역한다. 「写真写り」는 사진의 찍힘새(= 写真にとったときの写りぐあい)를 말한다.

⇨ <u>写真写りの良(よ)い</u>顔(かお)。
(사진발이 잘 받는 얼굴.)

⇨ <u>写真写りがいい</u>だけよ。実物(じつぶつ)を見たらがっかりすると思うわ。
(사진이 잘 나오는 것뿐(= 사진발일 뿐). 실물 보면 실망할 걸.)

⇨ <u>写真写りが悪く</u>て困ってます。何か奥(おく)の手(て)とかないでしょうか?〔写真相談〕
(사진이 잘 나오지 않아 곤란해요. 뭔가 비법은 없는지요?)

한국어문 115 저 여자는 너무 <u>눈이 높</u>아서 결혼을 못한다.

번역 あの女の人は<u>**理想(りそう)が高**</u>すぎて結婚できない。

주요용법

「눈이 높다」는 「目が高い」가 아니라 「理想(りそう)が高い」로 표현한다.

⇨ 渡辺さんは容姿(ようし)もよく性格(せいかく)もよいのです。でもなかなか彼氏(かれし)ができません。なぜなら<u>理想が高かっ</u>たのです。
(와타나베씨는 용모도 좋고 성격도 좋습니다. 그렇지만 좀처럼 좋아하는 남자가 없어요. 왜냐하면 눈이 높은 것입니다.)

한국어문 116 주인공은 <u>큰마음을 먹고</u> 사랑을 고백했다.

번역 主人公(しゅじんこう)は、<u>**清水(きよみず)の舞台(ぶたい)から飛(と)び降(お)りるような思いで**</u>愛(あい)を告白(こくはく)した。

주요용법

「큰마음을 먹다」는 「大きい心をもつ」로 직역할 수 있지만 오용 표현이다. 「清水(きよみず)の舞台(ぶたい)から飛(と)び降(お)りるつもりだ」로 번역하자. 교토(京都)에 있는 清水寺(きよみずでら)의 관음당 무대는 깎아지른 벼랑 위에 서 있다. 이것을 비유하여 표현한 말이다. 즉 「清水の舞台」에서 뛰어내리듯 과감하게 큰 결단을 내린다는 뜻이다. 「큰마음 먹다」는 「一大決心(いちだいけっしん)をする」로도 번역할 수 있다.

⇨ このブランド品(しな)のバッグ、<u>清水の舞台から飛び降りるつもりで</u>買ってしまった。
(이 명품 백, 큰마음 먹고 사버렸다.)

⇨ 24歳のその女性は、ある日ついに会社を退社(たいしゃ)そして留学(りゅうがく)という人生の<u>一大決心をする</u>。
(24세의 그 여성은, 어느 날 결국 회사를 그만두고, 그리고 유학이라는 인생의 일대 결심을 한다.)

한국어문 117 이 빨간 풍선, <u>**바람이 빠져**</u>버렸어.

번역 この赤い風船(ふうせん)、<u>**空気(くうき)が抜(ぬ)け**</u>てしまった。

주요용법

「바람이 빠지다」는 잘못하여 「風(かぜ)が抜(ぬ)ける」로 직역할 수 있다. 「空気(くうき)が抜(ぬ)ける」로 옮긴다.

⇨ ラリー中(ちゅう)に空気が抜けかかったときは、審判員(しんぱんいん)がプレーをとめることができる。〔rally 競技〕
(장거리 자동차경기 중 마침 바람이 빠졌을 때는, 심판원이 경기를 중지할 수 있다.)

⇨ 駅へ帰ろうとした時、空気が抜けてる。パンクかなって。〔自転車〕
(역으로 가려고 했을 때 바람이 빠져 있었어. 펑크인가 했어.)

한국어문 118 그의 실수를 잘 봐 주세요.

번역 彼の間違(まちが)いを大目(おおめ)に見てください。

주요용법

우리말 「잘 봐 주세요」를 일본어로 직역하면 「よく見てください」로 옮길 수 있지만, 이것은 문자 그대로 「꼼꼼하게 자세히 봐 달라」는 뜻이다. 여기서는 「자신의 잘못이나 부족함을 관대하게 처분해 달라」는 뜻이므로 「大目(おおめ)に見てください」로 번역해야한다.

⇨ よく見ると、友達ではない他(ほか)の人だった。
(잘 보니 친구가 아닌 다른 사람이었다.)

⇨ 彼は僕(ぼく)の失敗(しっぱい)を大目に見てくれた。
(그는 나의 실패를 너그럽게 봐주었다.)

⇨ 今度(こんど)だけは彼の間違(まちが)いを大目に見てやってください。
(이번만은 그의 잘못을 너그럽게 봐주세요.)

한국어문 119 결혼식 날이 코앞으로 다가왔다.

번역 結婚式(けっこんしき)の日が**目の前に**迫(せま)ってきた。

■ 주요용법

「코앞으로」는, 「鼻(はな)の前(まえ)に」로 직역하면 오용이다. 「目(め)の前(まえ)に」로 옮기자. 이 말은 「아주 가까운 시기에」(= 非常に近い時) 또는 「바로 앞에」(= 眼前) 라는 뜻이 있다. 여기서는 전자의 의미로 사용되고 있다.

⇨ 中間試験は目の前に迫ってくる。
(중간시험은 코앞으로 다가온다.)

⇨ おまえ、目がおかしいんじゃないの。目の前にあるものも分からないなんて。
(너 눈이 어떻게 됐니? 코앞에 있는 것도 못 보다니.)

⇨ 警察(けいさつ)は、ちゃんと私の目の前に来て謝罪(しゃざい)することだ。それとも絶対(ぜったい)許(ゆる)さない。
(경찰은 분명히 내 앞에 와서 사죄해야 돼. 그렇지 않으면 절대 용서하지 않겠다.)

한국어문 120 <u>되든 안 되든</u> 운을 하늘에 맡기고 큰맘 먹고 해 보겠다.

번역 <u>一(いち)か八(ばち)か</u>とは、運(うん)を天(てん)に任(まか)せて思(おも)いっきりやってみます。

주요용법

「되든 안 되든」은, 직역하여 「なろうがなるまいが」로 하면 원래 뜻에서 다르게 사용될 위험성이 있다. 「되든 안 되든」은, 「흥하든 망하든」 「운수를 하늘에 맡기고」라는 의미로 「一(いち)か八(ばち)か」로 번역하면 좋다. 이것은 도박에서 나오는 용어로 「一」 「八」는 각각 「丁半(ちょうはん)」(= 주사위)이라는 한자의 윗부분에서 따온 것으로 주사위로 도박할 때 그 승부를 의미한다.

⇨ よし、<u>一か八か</u>勝負(しょうぶ)してみよう。
(좋아, 되든 안 되든 승부를 가려보자.)

⇨ <u>一か八か</u>出(で)た所勝負(とこしょうぶ)だ。
(성패 간에 운수에 맡기고 해보는 거다.)

⇨ 行(い)こ<u>うが</u>行く<u>まいが</u>ぼくの勝手(かって)だ。
(가든 안가든 내 마음이다.)

한국어문 121 <u>눈이 빠지도록 기다려</u>도 그 사람은 오지 않는다.

번역 <u>首(くび)を長(なが)くして待(ま)っ</u>ても、あの人は来(こ)ない。

■ 주요용법

「눈이 빠지도록 기다리다」는, 「目(め)が抜(ぬ)けるように待(ま)つ」로 번역하지 말고 「首(くび)を長くして待つ」로 하자. 일본어에도 「학수고대」와 같이 「鶴首苦待(かくしゅくたい)」라는 사자성어가 있지만 별로 사용되지 않는다. 오히려 「鶴首(かくしゅ)して待(ま)ちわびる」와 같이 풀이하여 표현하기도 한다.

⇨ 合格(ごうかく)の吉報(きっぽう)を<u>鶴首して待ちわびる</u>。
(합격의 희소식을 눈이 빠지도록 기다린다.)

⇨ 幸(しあわ)せな家庭(かてい)をきずくように<u>首を長くして待つ</u>。
(행복한 가정을 이루도록 학수고대 한다.)

⇨ 韓国からの贈り物が届(とど)くことを<u>首を長くして待っ</u>ている。
(한국으로 부터 선물이 오는 것을 학수고대하고 있다.)

한국어문 122 여름에는 차가운 맥주<u>가 제일이다</u>.

번역 夏は冷(つめ)たいビール<u>に限(かぎ)る</u>。

■ 주요용법

「~이(가) 제일이다」는, 「~が第一だ」가 아니라 「~に限(かぎ)る」로 번역한다.(= いちばんよい, be the best way)

⇨ 疲(つか)れをいやすには眠(ねむ)る<u>に限る</u>。
(피곤을 풀 때는 자는 것이 제일이다.)

⇨ 人間(にんげん)と生(う)まれたら教師(きょうし)となる<u>に限る</u>。〔漱石, 吾輩は猫である〕
(인간으로 태어난다면 교사가 되는 것이 제일이야.)

한국어문 123 맛있게 현미**차를** **끓여**주셨습니다.

번역 おいしく玄米**茶**(げんまい**ちゃ)を入(い)れ**てくださいました。

■ 주요용법

「차를 끓이다」는, 「お茶(ちゃ)を沸(わ)かす」로 직역하지 않고 「お茶(ちゃ)を入(い)れる」로 번역하자.

⇨ お茶を入れるときは、心が落(お)ち着(つ)いたきもちになる。
(차를 끓일 때는 마음이 차분해 진다.)

⇨ お茶を入れるときに、コーヒードリップ用の濾紙(ろし)を使って漉(こ)してみて下さい。
(차를 끓일 때, 커피 드립용의 여과지를 사용해 걸러 보세요.)

한국어문 124 잠자기 전에 **안약을 넣**어 주세요.

번역 寝(ね)る前に**目薬(めぐすり)をさし**てください。

■ 주요용법

「안약을 넣다」는, 「目薬(めぐすり)を入(い)れる」로 쓰지 않고 「目薬をさす」로 표현한다.

⇨ 先に目薬をさして何分目(なんぷんめ)をつぶります。
(먼저 안약을 넣고 몇 분만 눈감아 줍니다.)

⇨ 寝る前に<u>目薬をさす</u>と目の中で成分(せいぶん)が濃縮(のうしゅく)される。
(자기 전에 안약을 넣으면 눈 안에서 성분이 농축된다.)

한국어문 125 그는 그 말 한마디로 그녀의 **가슴에 못 박**았다.

번역 彼はその一言(ひとこと)で彼女の**心(こころ)を深(ふか)く傷付(きずつ)け**た。

주요용법

「가슴에 못을 박다」는 「心にくぎを打(う)つ」가 아니라 「心(こころ)を深(ふか)く傷付(きずつ)ける」로 표현한다.(= deeply hurt)

⇨ 苦労(くろう)して育(そだ)ててくれたお母さんの心を傷付けるようなことを言ってはいけない。
(고생을 하며 키워주신 어머니의 가슴에 못 박는 말을 해서는 안 된다.)

한국어문 126 이렇게 자기 이야기를 하고 있으니 그는 지금 **귀가 가려**울 거야.

번역 こんなに自分の話をしているから彼は今**くしゃみをし**ているよね。

■ 주요용법

「귀가 가렵다」는 「간지럽게 느껴진다」는 말이지만, 관용적으로는 「남이 제 말을 한다고 느끼다」는 의미이다. 일본어에서는 「くしゃみをする」(= 재채기를 한다)로 표현한다.

⇨ あいつ、きっと今頃(いまごろ)<u>くしゃみをし</u>ているよね。
(그 녀석 틀림없이 지금쯤 귀가 가려울 걸.)

한국어문 127 그의 몸짓은 **<u>배꼽이 빠질</u>** 정도로 우스웠다.

번역 彼の身振(みぶ)りは**<u>へそが茶(ちゃ)を沸(わ)かす</u>**ほどおかしかった。

■ 주요용법

「배꼽이 빠지다」의 뜻은, 우스워서 견딜 수 없을 때 「배꼽을 쥐다」나 「배꼽을 빼다」를 말한다. 그러나 일본어는 「おへそがなくなる」가 아니라 「へそが茶(ちゃ)を沸(わ)かす」「へそで茶を沸かす」 또는 「臍茶(へそちゃ)」로 말해야 한다. (= やることがあまりにもバカバカしく、幼稚で、笑う事さえできないような時いう。)

⇨ これが傑作(けっさく)だとは、<u>へそが茶を沸かす</u>んだよ。
(이것이 걸작이라니 참 유치하기 그지없네.)

한국어문 128 이러할 때 편안한 얼굴을 하고 있으니, 제법 <u>**간이 크군.**</u>

번역 こういう時期(じき)に柔和(にゅうわ)な顔をしているくせに、なかなか<u>**胆(きも)がすわってる**</u>よね。

■ 주요용법

「간이 크다」는 「담력이 있다」 「보통이 아니다」라는 말이다. 그대로 직역하여 「胆(きも)が大きい」라 하면 이상한 표현이 된다. 「胆(きも)がすわっている」로 번역하자.

⇨ 若いころから生死(せいし)と向(む)き合(あ)う体験をした彼女らは、繊細(せんさい)でありながらどこか<u>胆がすわっている</u>。だからこそ現在を燃焼(ねんしょう)して生(い)きている。［くらし方］
(젊었을 때부터 생사와 맞서 경험한 그녀들은, 섬세하면서도 어디를 보든 보통이 아니다. 그래서 현재를 정열적으로 살아가고 있다.)

한국어문 129 그는 요즘 <u>**운이 좋아**</u> 잘 되어 가고 있다.

번역 彼(かれ)は近(ちか)ごろ<u>**ついてい**</u>てうまくいってる。

주요용법

「재수가 좋다」나 「운이 따르다」는 「ついてる」로 표현하는데, 이것은 「ついている」를 줄인 것으로 대화체이다. 반대말 「운 나쁘다」는 「運が悪い」가 아니라 「ついて(い)ない」로 표현한다. 「付(つ)く」라는 자동사에는 여러 가지 의미가 있는데 그 중 「행운이 따르다」 「재수가 있다」의 뜻도 있다. 물론 「運(うん)がよい」로도 표현할 수 있다.

⇨ 今日は暖かいと思ったら午後から雨が降ってきた。本当に今日はついてない。
(오늘은 따뜻할 것이라고 생각했는데 오후부터 비가 내렸다. 정말로 오늘은 운이 나쁘다.)

⇨ 雨が降らなかったのは、運がよかったですね。
(비가 안온 것은 재수 좋았어요.)

D
기타

한국어문 130 이번 겨울 방학에는 일본 경제**에 대한** 책을 많이 읽으려고 생각하고 있습니다.

번역 今度の冬休(ふゆやす)みの間(あいだ)は日本の経済(けいざい)**について**の本をたくさん読(よ)もうと思っております。

주요용법

「~에 대하여」는, 「~に対(たい)して」 「~について」로 표현되는데 전자는 동작이 행하여진 「대상이나 목표」에 대하여 사용되며(=「そのものごとに向けて/応じて」의 의미), 후자는 어떤 사항의 「내용」에 관한 것에 사용된다(=「それに関して」의 의미). 양쪽 모두 N를 수식할 경우, 「Nに対してのN」「Nに対するN」「NについてのN」의 형식을 취한다.

⇨ 敵(てき)に対して戦(たたか)う。
(적에 대항하여 싸우다.)

⇨ 記者(きしゃ)の質問<u>に対して</u>答える。
(기자의 질문에 대하여 대답하다.)

⇨ 教員(きょういん)一人<u>に対する</u>学生数(すう)は20人という計算(けいさん)になる。
(교원 1명에 대한 학생 수는 20명이라는 계산이 된다.)

⇨ 子供<u>に対する</u>母の愛情(あいじょう)は計(はか)り知れない。
(아이에 대한 엄마의 애정은 헤아릴 수 없다.)

⇨ 日本語学(ごかく)<u>について</u>論文(ろんぶん)を書きました。
(일본어학에 대하여 논문을 썼습니다.)

⇨ 将来(しょうらい)<u>についての</u>夢を語(かた)った。
(장래에 대한 꿈을 말했다.)

한국어문 131 현대 사회는 기계화에 의하여 <u>노동</u>시간이 점점 짧아진다.

번역 現代(げんだい)の社会(しゃかい)は機械化(きかいか)によって<u>**労働**</u>時間(ろうどうじかん)が段々(だんだん)短(みじか)くなってくる。

■ 주요용법

일본어 한자에는 일본에서 만든 한자(주로 和製漢字를 말함) 즉, 일본 国字(ごくじ)가 많이 있다. 그 중 자주 볼 수 있는 글자는 35字가 있는데, 예를 들면, 「畑(はたけ) -- 밭」「辻(つじ) -- 네거리」「峠(とうげ) -- 고개」「込(こ)む -- 혼잡하다」 등을 들 수 있다. 이 문제의 国字 「働」에 유의하면서 한자 숙어를 생각해 보자.

⇨ <u>働</u>(はたら)く : 일하다

重労働(じゅうろうどう) : 중노동　稼働(かどう) : 가동
共働(ともばたら)き : 맞벌이 〔= 共稼(ともかせ)ぎ〕
夜間労働(やかんろうどう) : 야간노동

찾아보기

이 〈찾아보기〉란은, 본서에 기재된 문형 · 어구 및 어휘를, 손쉽게 찾아볼 수 있고 다양하게 활용할 수 있도록 사전식으로 배열해 두었으니 많은 활용 바란다. (단, 문형 → '문', 오용표현 → '오'로 하여 약어 표시해 두었으며, 마지막의 숫자는 그 말이 소속되어 있는 '한국어문'의 고유번호를 말한다.)

〈한국어편〉

〈가〉

〈나〉

〈다〉

〈라〉

〈마〉

〈바〉

〈사〉

〈아〉

〈자〉

〈차〉

〈타〉

〈파〉

〈하〉

〈일본어편〉 - 한국어 한자읽기 순 -

〈가〉

〈자〉

- 문형 -

- 어휘 · 어구 -

〈す〉

〈せ〉

〈そ〉

〈た〉

〈ち〉

〈つ〉

〈み〉

〈む〉

〈め〉

〈も〉

〈や〉

〈ゆ〉

〈よ〉

〈り〉

〈ろ〉